AF495253

LE

SACRILÉGE

DRAME

Représenté pour la première fois, à Paris, sur le Théâtre de l'Ambigu-Comique, le 23 octobre 1868.

[BIBLIO]THÈQUE [IMPÉRIALE] IMPR.

Y
Th
15093

(C.)

POISSY. — TYP. ARBIEU, LEJAY ET Cie.

DÉPÔT LÉGAL
Seine-et-Oise
N° 1223
1868

LE

SACRILÉGE

DRAME EN CINQ ACTES, HUIT TABLEAUX

PAR

THÉODORE BARRIÈRE ET LÉON BEAUVALLET

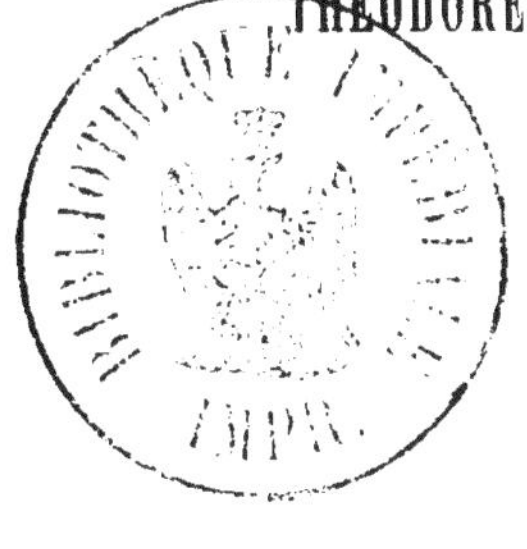

PARIS
MICHEL LÉVY FRÈRES, ÉDITEURS
RUE VIVIENNE, 2 BIS, ET BOULEVARD DES ITALIENS, 15
A LA LIBRAIRIE NOUVELLE

1869

Droits de reproduction, de traduction et de représentation réservés

PERSONNAGES

HORACE BÉZUCHON, médecin.................	MM. CASTELLANO.
CLAUDE LAZARE, mécanicien...........	GABRIEL GUICHARD.
JACQUES BERNARD..........................	RÉGNIER.
MARGOTET, accordeur de pianos...............	OMER.
RAVIGOT, clarinettiste.............	ALLART.
LANTERNOIS, greffier de la justice de paix à Orléans..	LACOMBE.
CHARANÇON, cultivateur......................	RICHEZ.
BONAMI, percepteur des contributions à Épinal..	DESORMES.
ARSÈNE SOURISSET, gandin..................	TONY RIOM.
PRINCARROT, spahi.........................	PERNIN.
LE GRAND JULES, rôdeur de barrières..........	ROSAMBEAU.
LIZERON, d'abord paysan, puis groom..........	LEROY.
MAITRE CALICHARD, notaire............	BUCKLER.
LOUCHARDIN, charretier......................	MACHANETTE.
PIPENCORNE, cabaretier à Montrouge...........	HOSTER.
BANCROCHE, cabaretier à Asnières............	CHRISTIAN.
MARCASSOU, rôdeur de barrières..............	DIDIER.
UN COCHER DE FIACRE.........................	LAURENT.
UN GARÇON CABARETIER........................	ROUSSEAU.
ANGÈLE DE MÉRIANE.........................	Mmes DICA-PETIT.
ADRIENNE BÉRILLOT, femme du demi-monde...	EUGÉNIE ST-MARC.
MADAME LANTERNOIS, femme du greffier......	MARIE DUREY.
SOPHIE COPEAU, revendeuse à la toilette.......	MARIE BOUTIN.
LODOISKA, maîtresse du grand Jules............	CHARLOTTE BARDY.
LOUISE, jeune ouvrière, voisine de Claude Lazare.	MARIE VANNOY.
COLOMBE, paysanne, puis femme de chambre...	ENJALBERT.
MOLESKINE, amie d'Adrienne..................	FRÉVAL.
PSYCHETTE id.	GOBERT.
TOINETTE, fille de ferme.....................	BONHEUR.
CLAUDINE, enfant de six ans, élevée par Lazare..	LA PETITE RACHEL.

GENS DU PEUPLE. PAYSANS. PROMENEURS. MARCHANDS. VALETS.

S'adresser pour la musique, à M. AMÉDÉE ARTUS, et pour la mise en scène, à M. MASSON, tous deux au théâtre de l'Ambigu.

LE SACRILÉGE

ACTE PREMIER

Premier Tableau

LES HÉRITIERS

A Valrose, dans la Beauce, à quelques lieues d'Orléans. — Une salle basse, vitrée au fond, donnant sur la cour principale d'une ferme. — A gauche, troisième plan, un escalier rustique, se perdant dans la coulisse. A droite, premier plan, une haute cheminée avec un grand feu de sarments. Table au milieu de la salle. Armoires remplies de linge. Grande porte vitrée au fond. Porte latérale à droite.

SCÈNE PREMIÈRE

LIZERON, COLOMBE, TOINETTE, MOISSONNEURS.

Scène muette. Colombe va et vient dans la salle ainsi que Toinette, grosse paysanne. Lizeron, debout près de la cheminée, est en contemplation devant une paire de bottes à revers jaunes qu'il tient à la main. Des laboureurs, munis de leurs instruments de travail, passent au fond.

CHOEUR.

Laboureur voici l'aurore!
L'oiselet chante au soleil!...
Travaille et travaille encore,
Après viendra le sommeil!

Par la campagne fertile
Va tracer le noir sillon,
Et que ton bœuf indocile
Se courbe sous l'aiguillon.

REPRISE DU REFRAIN.

Les laboureurs s'éloignent. Colombe s'approche de Lizeron.

COLOMBE, appelant.

Lizeron!... Lizeron!... (Le pinçant.) Me répondras-tu, à la fin?

LIZERON, toujours en contemplation devant ses bottes.

Quelle triomphante dégaîne on doit vous avoir avec des machines comme ça aux pieds.

COLOMBE.

Voyons... si au lieu de parler à ces vilaines bottes, tu me causais un brin, est-ce que ça ne serait pas plus honnête? dis?...

LIZERON, avec feu.

Oh! Colombe!... Colombe!...

COLOMBE, joyeuse.

Ah! tu te décides donc enfin?

LIZERON, même jeu.

Si j'osais, je les mettrais.

COLOMBE, furieuse.

Ah! c'est insupportable, et vous mériteriez...

LIZERON.

Oh! je vous en prie, Colombe, ne m'asticotez point!

COLOMBE.

Voyez-vous cet air dédaigneux... Vous parliez d'un autre ton il y a trois jours encore, alors que vous me disiez des tendresses tout en trempant la soupe aux choux pour les gens de la ferme... en ma société.

LIZERON, avec noblesse

Je l'ai trempée pour la dernière fois.

COLOMBE.

Hein?

LIZERON.

Vous pouvez rester, si ça vous va, entre vos vaches et vos oies, mais pour moi, il n'en faut plus.

COLOMBE.

Vraiment?... Eh ben, qu'est-ce que tu prétends donc faire?

LIZERON.

Mon chemin, un chemin rapide... (Montrant les bottes.) Et voilà mes bottes de sept lieues, car moi aussi, quand j'aurai quitté l'Orléanais et que je serai à Paris, j'aurai des bottes comme le groom de mamzelle Adrienne, par la raison toute simple que je veux être groom moi-même!... Aussi, c'est bien vu, bien entendu, pas plus tard que demain... en route!

COLOMBE.

Tu aurais le cœur de quitter Valrose?

LIZERON.

Avec enthousiasme!

COLOMBE.

D'abandonner ta petite Colombe?

LIZERON.

Tout le temps!...

COLOMBE.

Après ce que tu m'avais promis?

LIZERON.

Je t'avais promis une chose, c'est vrai, mais depuis, je m'en suis juré une autre... J'ai juré d'oublier mes serments, et un honnête homme n'a que sa parole!

COLOMBE.

Oh! le monstre!

LIZERON, protecteur.

D'ailleurs, Colombe, je ne vous oublierai point... je vous écrirai!...

COLOMBE, dédaigneuse.

M'écrire?... Et comment donc que tu feras?... Tu ne sais pas tant seulement signer ton nom...

LIZERON.

Je ne sais point signer mon nom... ici... parce qu'ici c'est un pays d'ânons... mais là-bas!... à Paris, tout le monde sait écrire!

COLOMBE, pleurant très-fort.

Voyons, Lizeron, dis-moi que tu ne t'en iras pas!

LIZERON.

Je mentirais, Colombe, car dès demain... (Avec importance.) Ah! dame, ma position avant tout!...

COLOMBE, pleurant plus fort.

Oh! j'en mourrai! c'est sûr!

SCÈNE II

LES MÊMES, HORACE BÉZUCHON.

Horace a paru à la fin de la scène. Il porte un costume de voyage.

BÉZUCHON, qui a entendu les derniers mots de Colombe.

Une femme qui pleure?... Où est l'homme?

COLOMBE, désignant Lizeron.

Le v'là, M. Horace.

LIZERON.

Ah! M. le docteur Bézuchon! (Raillant.) L'ami des femmes!

BÉZUCHON, lui donnant un coup de sa badine.

Eh bien, oui, l'ami des femmes, petit va nu-pieds!... et je m'en vante... (Lui prenant l'oreille.) Voyez-vous cette espèce de Huron qui se permet de faire pleurer ce petit bijou-là... (Prenant Colombe dans ses bras.) Viens, ma chérie, donne-moi tes beaux yeux que je sèche tes larmes.

Il lui baise les yeux.

COLOMBE, honteuse.

Monsieur Bézuchon!

BÉZUCHON.

Ne rougis pas, timide Colombe... (Se reprenant.) Ou plutôt, si... rougis bien fort. La femme qui rougit, c'est adorable!... Ne pleure plus. . (Même jeu.) Ou plutôt, si, pleure encore. Oh! la femme qui pleure?... (S'interrompant et avec indignation.) Et ce sont ces chérubins qui sont les victimes de ces bâtards d'orangs-outans qu'on appelle des hommes!

LIZERON.

Permettez!

BÉZUCHON.

Car enfin, s'ils étaient beaux encore, ces animaux-là?... Mais non, ils sont hideux!... repoussants!...

LIZERON.

Mais dites donc, monsieur... m'est avis que vous êtes un homme aussi, vous!

BÉZUCHON.

Eh bien, mais, je suis hideux et repoussant aussi, voilà tout... Seulement, moi, je ne fais pas pleurer les femmes. (Marchant sur Lizeron.) Ah! ta position avant tout?... Coquin! Mais ta position, petit malfaiteur!... elle est à ses pieds... Allons!... à genoux bien vite, et demande lui pardon!...

Il le prend à la cravate et le secoue.

LIZERON.

Monsieur, monsieur, vous m'étranglez!

BÉZUCHON.

Non, pas encore, mais ça va venir...

COLOMBE.

Grâce pour lui, M. Horace, je lui pardonne!

BÉZUCHON, avec admiration.

Belle et bonne!... voila la femme!... Vilain! mais canaille, voilà l'homme!

LIZERON, riant à demi et se frottant le cou.

C'est égal, monsieur, vous aimez trop les femmes!

BÉZUCHON, à Lizeron.

Est-ce qu'on les aime jamais trop, les femmes? Allons, laisse-moi seul avec Colombe...

LIZERON.

Mais...

BÉZUCHON.

Pour effrayer cette gentille enfant, c'est bien assez d'un singe... remonte sur ton cocotier.

LIZERON, avec malice.

Je vous garderai une noix, monsieur.

BEZUCHON, gaiement

Ça ne me suffirait pas... (A Colombe) Car tu sauras que je viens de faire deux cents lieues tout d'une traite, et que je meurs de faim. (A Lizeron.) Aussi, dis qu'on me prépare une forte omelette... Va, et dépèche-toi!

LIZERON.

Bien, monsieur.

COLOMBE, l'arrêtant, bas.

Lizeron, bien vrai, est-ce que tu partiras?

LIZERON.

Oui, mais tu viendras me rejoindre... et je t'épouserai...

COLOMBE, joyeuse.

Ah!

LIZERON.

Quand je serai groom!

Il sort.

SCÈNE III

BÉZUCHON, COLOMBE.

BÉZUCHON.

Maintenant, ma petite Colombe, préviens bien vite de mon arrivée ce brave père Périllot...

COLOMBE, avec un cri.

Hein!

BÉZUCHON.

Il a déjeuné, peut-être?... c'est égal, il me tiendra compagnie en vidant un verre de son vieux vin de derrière les fagots.

COLOMBE, avec un accent douloureux.

Ah! mon Dieu!... mon Dieu!...

BÉZUCHON, s'étonne.

Eh bien?... qu'est-ce qui te prend donc?

COLOMBE de même.

Ah! monsieur Horace. . pardonnez-moi de ne vous avoir pas appris tout d'abord... mais.

BÉZUCHON.

Mais...

COLOMBE avec des larmes.

Ah! je ne sais plus comment vous dire ça, maintenant.

BÉZUCHON.

Voyons, remets-toi... Qu'avais-tu donc à m'apprendre?

COLOMBE.

Ah! un horrible malheur, allez!...

BÉZUCHON.

Un horrible malheur?... parle... mais parle donc!...

COLOMBE.

Eh bien, monsieur Horace... le pauvre père Bérillot...

BÉZUCHON.

Achève!

COLOMBE.

Vous ne le verrez plus.

BÉZUCHON, avec chagrin.

Il est mort?... (Colombe répond par un soupir.) Mort!... monsieur Bérillot!... et je n'étais pas là pour lui serrer la main une dernière fois!... ah! le maudit voyage!... Aussi, on ne devrait jamais quitter ceux qu'on aime!... La mort fauche tant en deux années!... Mort!... mon vieil ami!... et depuis quand?

COLOMBE.

Depuis un grand mois, monsieur.

BÉZUCHON, surpris.

Un mois... Et déjà toute trace de deuil a disparu ici?... car enfin... cette activité que j'ai remarquée en arrivant, ces chants des laboureurs que l'on entend encore!...

COLOMBE.

Ah! monsieur Horace, c'est qu'on a obéi à la volonté de notre pauvre maître. De son vivant, il disait comme ça que, s'il lui arrivait malheur, il ne fallait pas interrompre la besogne un seul jour, vu que la mort d'un homme ne devait pas faire perdre le pain de vingt familles.

BÉZUCHON.

Brave cœur!... il est là tout entier!... (Après un temps et avec intérêt.) Mais, dis-moi, et Angèle!...

COLOMBE.

Mademoiselle de Mériane?... eh bien, elle est encore ici, dirigeant comme avant la catastrophe, tous les travaux de la ferme. Pauvre demoiselle! elle n'en a plus pour longtemps à rester ici, c'est aujourd'hui qu'on lève les scellés et qu'elle va rendre ses comptes aux héritiers de notre défunt maître, qui ne la garderont pas, c'est plus que certain.

BÉZUCHON.

Que dis-tu ?

COLOMBE.

Ils ne peuvent pas la sentir.

BÉZUCHON.

Mais le père Bérillot n'a pu oublier dans son testament l'orpheline qu'il avait recueillie jadis et qu'il aimait tant!

COLOMBE.

Son testament! Il n'a pas eu la licence de le faire, ce pauvre cher homme!... Un cri... un rien... et tout a été dit!...

BÉZUCHON, avec chagrin.

Angèle! cette douce et chère créature se trouverait tout à coup seule, sans ressources, sans asile?... Oh! ce serait affreux!...

COLOMBE.

Si c'était comme ça... faudrait la prendre, vous monsieur Bézuchon.

BÉZUCHON.

Moi?... hélas, ma pauvre petite Colombe, ce n'est pas possible.

COLOMBE.

Pourquoi ?

BÉZUCHON.

Parce que je suis encore trop jeune... et trop pauvre. (Se rapprochant.) Mais voyons... voyons?... Ces héritiers?... combien sont-ils en tout ?

COLOMBE.

Sept.

BÉZUCHON.

Eh bien?... est-ce que, dans le nombre, il ne se trouverait pas une bonne âme, par hasard ?

COLOMBE.

J'en ai peur!... depuis que cette nuée de cousins a crevé sur la ferme, j'ai appris à les connaître... et je m'en méfie... (En confidence.) Entre nous, c'est tous des vilaines gens et qui ne me semblent pas bien francs du collier!... Tenez, prenons-les les uns après les autres...

BÉZUCHON, prenant son calepin.

C'est ça, et nous rayerons à mesure ceux sur lesquels il ne faudra pas compter pour assurer le sort de notre pauvre Angèle.

COLOMBE.

D'abord, il y a monsieur Lanternois, le greffier de la justice de paix à Orléans, faut pas déjà compter sur celui-là.

BÉZUCHON.

Pourquoi?

COLOMBE.

Parce que je l'ai entendu jaser. C'était l'autre soir, comme j'étais en train d'arranger la litière de nos bêtes, monsieur et madame Lanternois, qui se promenaient par là, se sont justement arrêtés sous les fenêtres de l'étable. Ils causaient! j'ai écouté.

BÉZUCHON.

Et qu'as-tu entendu ?

COLOMBE.

« Enfin! que disait comme ça monsieur Lanternois en se frottant les mains, je vais donc pouvoir quitter ma sale baraque, et occuper dans le monde la place qui m'est due. »« Enfin disait madame Lanternois de son côté, je vais donc avoir des diamants comme madame la sous-prefète et rouler carrosse à mon tour. Je veux » ci, disait l'un ; je veux çà, disait l'autre, et patati et patata; en dix minutes, ils avaient déjà tout mangé: voyez-vous, ceux-là n'en auront jamais assez pour eux.

BÉZUCHON.

Rayons les Lanternois, et à un autre.

COLOMBE.

Eh bien, faut pas compter non plus sur monsieur Charançon, le marchand de bestiaux, par une raison toute simple; c'est que, tout riche qu'il est, il a laissé partir son garçon, plutôt que de lui acheter un homme... même que le petit a été tué en Crimée.

BÉZUCHON.

Rayons le Charançon.

COLOMBE.

Pendant que vous y êtes, rayez aussi monsieur Bonami, percepteur des contributions à Epinal. Il ne donnerait pas un sou à un pauvre.

BÉZUCHON.

Rayons monsieur Bonami.

COLOMBE.

Maintenant, il y a le brigadier aux spahis, monsieur Nini Princarrot dit Mustapha, un grand diable qui ne connaît que l'absinthe et le billard.

BÉZUCHON.

Angèle ne pourrait accepter aide et protection d'une pareille pratique, rayons le Mustapha!

COLOMBE.

Il y a encore monsieur Arsène Sourisset, un Parisien.

BÉZUCHON.

Je le connais! Rien à attendre de ce côté-là! un gandin, un petit crevé... ça ne compte pas! rayons le Sourisset.

COLOMBE.

Je ne vois guère que la nièce à feu monsieur Bérillot, mademoiselle Adrienne.

BÉZUCHON.

Adrienne! Ah! je la connais aussi... Je l'ai connue du moins... (Soupirant.) jadis...

COLOMBE.

Avant vos voyages?

BÉZUCHON, souriant.

Pendant mes voyages... (A part.) à Cythère. (Haut.) Est-elle toujours jolie?

COLOMBE.

Je crois bien!... et mise!... Ah! Dieu! les belles robes!... Si j'étais attifée comme çà, moi, je ne me déshabillerais jamais.

BÉZUCHON, souriant.

Mais au contraire, naïve enfant, au contraire!...

COLOMBE, étonnée.

Que voulez-vous dire?

BÉZUCHON.

Rien, ma chérie!... rayons mademoiselle Adrienne.

COLOMBE.

Elle aussi, vraiment?... elle me revenait cependant. Ah! par exemple, une qui ne me revient guère, c'est la vieille qui est venue avec mademoiselle Adrienne.

BÉZUCHON.

Sophie Copeau, pas vrai?

COLOMBE.

Justement! une revendeuse à la toilette...

BÉZUCHON.

Qui ne vend pas que çà.

COLOMBE.

Qu'est-ce qu'elle vend donc encore?

BÉZUCHON, souriant de nouveau.

Demande à mademoiselle Adrienne Beriliot. Elle t'expliquera ça... Sophie Copeau!... Ah! c'est une fière coquine, celle-là... à la bonne heure!

COLOMBE.

Comment? c'est vous qui traitez comme ça une femme?...

BÉZUCHON.

La Copeau n'est pas une femme, elle a des moustaches. (Se levant.) Avec tout ça, et tout compte fait, je vois que cette chère petite Angèle n'a rien à espérer de tous ces gens là!...

N'importe, je les verrai, je leur parlerai. (A Colombe). Ah çà! dis-moi... la maladie de cœur dont souffrait Angèle lors de mon départ, tous ces assauts-là ont dû l'aggraver.

COLOMBE.

Vous pensez... Ah! c'est quand elle a appris l'événement, la pauvre demoiselle, que ça a été du gentil!... (Angèle paraît en haut de l'escalier de gauche, Colombe s'interrompt.) Ah! mais tenez, la voilà!...

SCÈNE IV

Les Mêmes, ANGÈLE.

BÉZUCHON, stupéfié,

Hein!... où ça, Angèle?. .

COLOMBE, riant.

Mais là! (A Angèle.) Mam'zelle, venez donc dire bien vite à monsieur Bézuchon que vous êtes vous-même. Il ne veut pas me croire!

ANGÈLE, venant à lui.

Monsieur Horace!

BÉZUCHON.

C'est pourtant vrai... c'est elle... c'est bien elle!... je suis stupéfié... Comment, il y a deux ans je quitte une gamine et je retrouve une femme... En si peu de temps, grandir comme ça!... Merveilleux! merveilleux! Moi, je n'ai pas seulement grandi d'un pouce! Pauvre espèce que les hommes!

ANGÈLE.

C'est qu'il y a deux ans, mon ami, vous n'aviez pas seize ans, comme moi.

BÉZUCHON.

Si fait, je les avais. Et plutôt deux fois qu'une!

Colombe ouvre une grande armoire et y place le linge qui se trouve empilé sur une table.

BÉZUCHON prend les mains d'Angèle.

Cette chère petite Angèle!... Alors, c'est vous!... c'est bien vous!...

ANGÈLE.

Vous en doutez?

BÉZUCHON.

Non! je reconnais vos grands yeux... votre doux visage... Mais ce que je cherche en vain, c'est votre gaieté si franche et si communicative.

ANGÈLE.

Colombe vous a tout dit?...

BÉZUCHON.

Oui, et je comprends votre chagrin... et je le partage... mais, dites-moi, est-il bien certain que le père Bérillot n'a fait aucun testament en votre faveur?

ANGÈLE.

Pourquoi en aurait-il fait un?... Je n'étais pas sa fille, pas même sa parente... je n'ai droit à rien ici...

BÉZUCHON.

Pardon, je trouve, au contraire, que vous avez droit à tout...

COLOMBE, en train de ranger, allant et venant par la chambre.

Bien dit...

ANGÈLE.

Droit à tout! moi!

BÉZUCHON.

Sans doute. Fille du comte de Mériane, à sept ans vous étiez orpheline, votre pauvre père, ruiné par de mauvaises spéculations, avait cherché dans le suicide la fin de ses misères. Et tandis que le caveau de famille des Mériane se refermait sur lui, les huissiers placardaient les affiches de vente sur les portes de son château.

ANGÈLE.

Brave monsieur Bérillot!... Lui seul eut pitié de moi... Personne de ma famille ne me tendait la main. Monsieur Bérillot n'hésita pas, lui... Et pourtant il était pauvre alors.

COLOMBE, tout en rangeant son linge.

Pauvre comme Job, pardine!

BÉZUCHON.

C'est justement à cause de cela que je prétends que sa fortune lui vient de vous.

ANGÈLE.

Je ne vous comprends pas.

BÉZUCHON.

Vous allez me comprendre... grâce à votre père, qui lui avait avancé une petite somme d'argent avant sa ruine complete, le père Bérillot avait pu s'acheter une toute-petite ferme, dans les environs du château, à Valrose. Là, il vivotait Dieu sait comme et tout allait de mal en pis. Vous paraissez!... et tout aussitôt, ô ma mignonne fée, la situation change!... Les récoltes deviennent superbes. Les terres incultes se fertilisent!... Et les écus tintent joyeusement dans les sacs de toile. Alors, la petite ferme prend de l'extension... on achète les terrains environnants, les moulins, les étangs, les grands bois et les plaines. Le père Bérillot devient le marquis de Carabas de Valrose... Dix ans plus tard, il était millionnaire... La gentille petite fée l'avait voulu ainsi et le ciel obéissant avait fait pleuvoir sur les champs une rosée d'or!

ANGÈLE.

C'est vrai : monsieur Bérillot était riche... bien riche... à ce point qu'il songea à acquérir le château de Mériane où j'étais née... où reposent tous les miens... Mais quelque prix qu'il pût en offrir, les nouveaux propriétaires, jaloux de sa fortune et le traitant de paysan parvenu, refusèrent obstinément de lui vendre ce domaine qui tombe en ruines et qui n'est même plus habité.

BÉZUCHON.

Si Bérillot a tenté de racheter ce domaine, c'était pour vous le restituer, ayez-en la certitude... car il savait bien, comme je le sais moi-même, que toute sa fortune lui venait de vous... Ah! le pauvre brave homme! qu'il doit gémir là-haut en voyant ses parents qu'il aimait si peu dépouiller sa chère petite Angèle qu'il aimait tant! (Changeant de ton.) Ah! si ces faux pleureurs sont tels que me les a présentés Colombe, je me réserve de m'instruire quelque peu en m'amusant beaucoup!

COLOMBE, qui est revenue près d'Angèle.

C'est égal, allez, mam'zelle, faut pas vous désoler!... Si vous êtes pauvre aujourd'hui, vous ne le serez peut-être pas demain! vous êtes assez belle pour trouver un mari qui soit trop content de vous faire un sort!...

ANGÈLE, vivement.

Je ne me marierai jamais...

BÉZUCHON.

Et vous aurez crânement raison, par exemple!... Qu'un homme se marie, ça se comprend!... Il épouse une femme!... mais une femme ça ne se comprend pas, puisqu'elle épouse un homme! Ah çà! mais j'y songe... si la mort du père Bérillot vous laisse sans ressources, que va-t-il advenir de ce brave garçon qui dirigeait la ferme avec vous, et qui était un peu, lui aussi, l'enfant d'adoption du vieux fermier?...

COLOMBE.

Monsieur Jacques Bernard !

ANGÈLE, avec émotion.

Bernard ?...

BÉZUCHON.

Oui, c'est cela, Jacques Bernard... Eh bien?

ANGÈLE.

Il adviendra de lui ce qu'il adviendra de moi... sa destinée, je le crois du moins, sera la mienne...

BÉZUCHON.

Vous le croyez... que voulez-vous dire ?...

ANGÈLE.

Je veux dire que depuis quelque temps, Bernard n'est plus le même!...

COLOMBE.

Le fait est qu'il ne se ressemble guère... toujours sombre et comme affolé... Il ne met plus le pied à la ferme et il erre par les bois comme une âme en peine!

BÉZUCHON.

La mort du père Bérillot l'aura frappé, sans doute.

ANGÈLE, avec crainte.

Est-ce bien là la cause de sa tristesse?

BÉZUCHON.

Eh! que serait-ce donc?

ANGÈLE.

Mon Dieu!... Bernard n'est pas fait pour l'existence qu'il mène ici... quoique enfant du pays, il a reçu une éducation presque complète.

COLOMBE.

Comme vous, mamzelle...

ANGÈLE.

Peut-être s'ennuie-t-il. C'est trop calme, trop monotone!..

BÉZUCHON.

Tiens, il me semblait heureux comme un dieu de sa destinée... je me le rappelle bien, pardieu!... quand chaque soir, au coin de cette cheminée, assis près de vous, il faisait les comptes de la journée... il n'avait certes pas l'air de prendre la vie en noir... pas plus que vous, ma chère Angèle, et je crois encore entendre résonner à mon oreille vos frais éclats de rire et vos folles chansons!... vous étiez une sœur pour lui... et si j'ai bonne mémoire, vous vous tutoyiez tous les deux...

ANGÈLE

Oui! oui!... c'est cela!... c'est bien cela!...

BÉZUCHON, indifférent.

Il doit y avoir quelque chose là-dessous!...

ANGÈLE, vivement.

Quoi donc?...

COLOMBE, sans quitter sa besogne.

Quelque amourette, pardine!...

BÉZUCHON.

Ah! bah! tu as deviné ça... toi!..

ANGÈLE.

Que veux-tu dire?...

COLOMBE.

Dites donc, mamzelle, il manque deux draps à cette douzaine-là!... (Changeant de ton.) Oui, mamzelle, une amourette... vous vous rappelez que le lendemain de la catastrophe, quand la nièce à votre maître, mamzelle Adrienne, est arrivée à la ferme, elle avait amené avec elle deux dames qui étaient ses amies...

ANGÈLE.

Oui! oui!... je me souviens...

COLOMBE.

Elles étaient belles comme tout, ces dames-là... et mises comme des reines... et elles avaient de bien jolis noms... il y en avait une, la grande, qui s'appelait Moleskine et la petite, Psychette...

BÉZUCHON.

Cette folle d'Adrienne ne peut donc faire un pas sans son escadron volant.

COLOMBE.

Eh bien, je parierais que monsieur Bernard est affolé d'une de ces dames-là... à preuve, c'est qu'elles ne sont restées qu'un jour à Valrose et que monsieur Bernard est tout justement triste depuis qu'elles ne sont plus ici!

BÉZUCHON.

Colombe a trouvé le mot de l'énigme. Il y a de l'amour sous jeu!...

ANGÈLE, s'efforçant de sourire.

De l'amour!... oui... oui!...

BÉZUCHON gaiement.

C'est de son âge!

ANGÈLE, qui est au supplice.

Vous dites vrai, c'est de... son âge! (Changeant de ton, à Colombe.) As-tu retrouvé les draps qui te manquaient?...

COLOMBE.

Non, mamzelle, je vas aller voir là haut!

Elle sort par la gauche.

LIZERON, paraissant.

Monsieur, votre omelette est prête, seulement c'est pas une omelette, c'est du canard!... Le grand spahi m'a jeté dans le panier aux œufs et j'ai tout cassé.

BÉZUCHON.

Allons! va pour le canard... j'exècre ça, mais ça ne fait rien! Ma petite Angèle, à tout à l'heure..

Il sort avec Lizeron.

SCÈNE V

ANGÈLE, seule, prenant son front dans sa main.

Il en aime une autre... oui! oui!... c'est cela... c'est bien cela... ils ont dit vrai!... (Étreignant son cœur.) Il me semble que mon cœur se brise, j'ai froid; tout se glace en moi. (Après un temps avec douleur.) Il en aime une autre! je n'aurais jamais osé le penser... (*Se tordant les mains.*) Oh! mais alors, je n'ai plus rien, plus d'ami, plus de père! tout est mort pour moi... tout est mort! (*Elle se lève tout agitée.*) Et l'on va me chasser d'ici... et je n'aurai même pas la triste joie de mourir en cette demeure où je l'ai connu lui... où je l'ai aimé! Oui! oui! je vais te quitter, chère petite ferme où j'ai passé mes premières années! (*Tournant ses yeux vers l'escalier.*) Adieu, ô mon réduit de jeune fille!... ô ma chambrette embaumée!... des êtres cruels vont venir tout bouleverser et te chasseront, essaim de mes rêves!... Là, sous ces humbles lambris, que de fois j'ai souri!... que de fois j'ai été heureuse!... Adieu, fleurs, arbres et moissons!... Adieu, je vous quitte... demeure chérie où, dans un rayon de soleil, l'amour vint un matin avec l'aurore!... (*Soupirant.*) Ah! mon Dieu, que j'ai été heureuse ici!... quand il était là, auprès de cette grande cheminée... (*Elle s'assied machinalement sur le banc placé près de la cheminée.*) Assis sur ce banc... à côté de moi... ses mains tenaient les miennes... il m'appelait sa sœur... me parlait d'affection... et mon âme lui parlait d'amour!... Doux instants trop tôt disparus!... il m'oublie... il me fuit!... il en aime une autre!... et je suis seule au monde maintenant, toute seule!

Bernard a paru sombre et pâle, costume moitié bourgeois, moitié campagnard, veste de velours, guêtres de cuir, etc.

SCÈNE VI

ANGÈLE, BERNARD.

ANGÈLE, *émue.*

Bernard!

BERNARD, *entrant les mains tendues vers elle.*

Oui, c'est moi, ma sœur. Je t'ai vue seule et je suis venu; j'avais besoin de te voir!

ANGÈLE, *étonnée et joyeuse.*

De toi-même, tu viens à moi; je me croyais tout à fait oubliée!

BERNARD.

Oubliée! toi!

ANGÈLE, *lui prenant la main avec tristesse.*

Ne mens pas; tu m'oubliais!

BERNARD, *vivement.*

Pardonne-moi, je suis venu à toi pour tout te dire!

ANGÈLE, *faisant un brusque mouvement pour maîtriser son émotion.*

Je ne te comprends pas!

Elle s'est peu à peu laissé tomber sur le banc, Bernard est devant elle très-ému aussi. Il parle à voix basse avec une sorte de recueillement.

BERNARD, après un silence.

Angèle, tu es pure et candide!... cette salle où tu respires, est imprégnée de parfums religieux!... Dieu est en ton âme: je vais me confesser à toi; tu m'absoudras... et tu me sauveras peut-être!

ANGÈLE.

Te sauver! .. quelles paroles prononces-tu?... En vérité, tu me fais trembler!

BERNARD.

Oh! je tremble aussi, moi .. rien qu'en songeant à l'aveu que je vais te faire!

ANGÈLE.

Que veux-tu me dire?... Oh! parle Bernard, je t'en prie, je le veux!...

BERNARD.

Depuis un mois, je vous fuis tous, je m'isole; c'est que depuis un mois, mon âme ne m'appartient plus!

ANGÈLE, frémissante.

Et à qui donc appartient-elle?...

BERNARD.

A une femme jeune... belle, adorable!... au sourire étrange... au regard irrésistible... La première fois que je me suis trouvé face à face avec elle, c'était il y a un an... elle ne demeura que quelques heures seulement à la ferme et elle partit. Elle ne m'avait même pas adressé la parole; mais tout soucieux, je la vis monter en voiture... les chevaux s'élancèrent au galop et, dans le nuage de poussière qui se soulevait sur la route, il me sembla qu'elle me souriait!

ANGÈLE, haletante.

Après?...

BERNARD.

Depuis ce jour, mon être fut comme bouleversé!... je ne reprenais un peu de calme que le soir à table, lorsque, de ta douce voix, tu disais le *Benedicite*... mais la mort s'est abattue sur ce toit... et, avec la mort, avec les larmes, elle est revenue, elle!... plus belle encore... plus rayonnante!... Elle était ici avec les autres héritiers. Une fois, au coucher du soleil, elle me demanda de l'accompagner. Nous partîmes... nous marchions l'un près de l'autre et mon cœur battait à se rompre... les ombres de la nuit tombaient du ciel; autour de nous, un silence profond. Dans le brouillard naissant, les bâtiments de la ferme avaient disparu .. je murmurai ton nom, et sa voix à elle me fit presser le pas... Pour gravir une colline, elle s'appuya sur mon épaule... ses cheveux abandonnés à la brise, venaient caresser mon visage... j'étais éperdu... Était-ce du bonheur ou de la crainte, je ne sais, mais je serais mort en ce moment, je n'aurais pas regretté la vie!... Nous nous reposâmes au sommet de la colline... « Vous tremblez? me dit-elle... souffrez-vous?... » et elle me prit les mains... Oh! cette étreinte!... il me sembla que tout se brisait en moi et je laissai sur ses genoux tomber ma tête... Alors, elle se pencha vers moi et elle me demanda si je l'aimais!...

ANGÈLE.

Et... qu'as-tu répondu?...

BERNARD.

Ah! je ne sais pas... je ne sais plus... mais, depuis cet instant, je ne vois qu'elle, je ne pense qu'à elle. Tiens, la nuit, je vais me blottir sous sa fenêtre, pour être plus près d'elle...

ANGÈLE.

Ah! cette femme, c'est Adrienne Bérillot, n'est-ce pas?

BERNARD.

Oui, c'est elle! c'est elle! et j'ai peur!... Près de toi, ma sœur, on se recueille, on prie! près d'elle on tremble! D'un regard, tu sanctifies, d'un regard, elle rend fou! je sens grandir mon amour. En vain, j'essaye de m'arracher à lui... ses griffes de feu m'étreignent et me déchirent. Sauve-moi!.. sauve-moi!...

ANGÈLE, hésitante.

Cette femme que tu aimes ne t'a donc pas rendu ta tendresse?... alors, tu dois bien souffrir!... car c'est affreux... ce doit être affreux de n'être pas aimé quand on aime...

BERNARD.

Elle m'a dit qu'elle m'aimait!

ANGÈLE, avec un brusque mouvement.

Elle t'aime!... (Fiévreuse.) Eh bien, de quoi te plains-tu? Tu aimes et tu es aimé! tu dois être heureux!

BERNARD.

Oui! je devrais être heureux... Et cependant je pâlis et je frissonne... car je ne sais quelle voix me crie: Prends garde... cet amour te sera fatal!

ANGÈLE.

Bernard! ne la revois pas, ne la revois pas!

BERNARD.

Oh! je veux la fuir. Je le veux... Aussi, je suis venu me jeter à tes pieds, ô mon bon ange! (Retombant à genoux) et à genoux, les mains jointes, je te supplie encore... et je te dis : Sauve-moi d'elle, ma sœur... sauve-moi de mon amour... Asile! Asile!

ANGÈLE.

Oui! je te sauverai, Bernard, je te garderai... Ton bon ange te protégera!... (Lui jetant les bras autour du cou.) Et je la défie bien de venir violer cet asile que je te donne!

BERNARD.

Oui, reste près de moi, toujours... ne me quitte pas!... ne me laisse pas partir... car si je partais, vois-tu, je serais perdu!

ANGÈLE, avec un cri.

Bernard!... Voulais-tu donc partir avec... cette femme?...

BERNARD.

C'est elle qui le voulait.. mais je te le jure, va, je ne t'aurais pas abandonnée!... Qui, moi, te laisser ainsi, seule et pauvre!... non!... je ne suis pas un lâche!...

ANGÈLE.

Pour vivre, nous voici maintenant forcés de travailler... Eh bien, nous travaillerons... n'est-ce pas, côte à côte, cœur à cœur... Ce n'est pas l'ouvrage qui nous manquera... nous sommes connus dans le pays... On nous aime bien... et nous serons heureux, va...

BERNARD, lui serrant les mains.

Oh! oui, oui, bien heureux!

Adrienne et Sophie Copeau ont paru pendant les derniers mots de la scène.

ADRIENNE.

Charmant! charmant!

Elle éclate de rire... Sophie Copeau l'imite.

SCÈNE VII

LES MÊMES, ADRIENNE, SOPHIE COPEAU.

BERNARD, se redressant effaré.

Adrienne!

ADRIENNE, qui est descendue, riant toujours. — A Bernard.

Eh! mais, c'est une véritable idylle!... Il ne vous manque qu'une houlette et des moutons!

Elle rit de nouveau, Sophie Copeau l'imite en faisant entendre un ricanement.

BERNARD.

Madame...

ADRIENNE, raillant toujours.

Croyez, mon cher enfant, que je m'associe de grand cœur à vos projets d'avenir!... Le travail... les champs!... C'est délicieux tout cela... cultiver la terre... conduire la charrue...

manier la faucille... quoi de plus séduisant... surtout lorsque l'on est aidé dans ses labeurs par une compagne... jeune et... belle!...

BERNARD.

Madame, Angèle est ma sœur!

ADRIENNE, raillant.

Votre sœur... à la mode de Bretagne!...

BERNARD.

Madame!...

ANGÈLE, cherchant à l'entraîner.

Bernard!

ADRIENNE, à Angèle.

Que craignez-vous donc pour lui?...

ANGÈLE.

Je crains tout!... Je lis dans vos regards, dans votre sourire fatal... C'est le malheur, c'est le désespoir qui est en vous!... vous lui donneriez tout cela!... Eh bien, je ne le veux pas, entendez-vous, madame, je ne le veux pas!... (Entraînant Bernard). Viens! viens! frère.

Angèle et Bernard disparaissent.

SCÈNE VIII

ADRIENNE, SOPHIE COPEAU.

ADRIENNE, avec un sourire de colère.

Elle l'emmène!... Ah! c'est trop fort!

Elle s'assied à gauche près de la table.

SOPHIE COPEAU.

Laissez-le donc filer, ce rustre-là!...

ADRIENNE.

Ah! tu crois que ça se passera comme ça, toi!...

SOPHIE COPEAU.

Ne vous occupez donc pas de niaiseries pareilles... ma parole, on pourrait croire que vous avez un caprice pour ce gardeur de bestiaux!...

ADRIENNE.

Un caprice... peut-être...

SOPHIE COPEAU, à la table.

Vous avez toujours des idées comme ça, vous!... c'est comme dans le temps, avec votre monsieur Horace Bézuchon!... En v'là une espèce de médecin qui me donnait sur les nerfs!... Règle générale. Les pannés, c'est la mort au plaisir!... Vive les hommes du monde qui ont voiture!

ADRIENNE, à elle-même, se levant.

C'est égal, je lui revaudrai ça à la petite bergère!...

SOPHIE COPEAU.

Ne vous occupez donc pas de ça... pensez plutôt à votre position ?... Vous v'là héritière, à cette heure... vous v'là riche !...

ADRIENNE.

Riche !

SOPHIE COPEAU.

Et comme ça tombe à pic !... car ça ne va pas fort les affaires, depuis que votre banquier est retourné en Allemagne, auprès de madame son épouse !...

ADRIENNE.

Tu dis vrai, Sophie ! Cet héritage vient à propos !

SOPHIE COPEAU.

Je vous crois !... c'est égal, c'est vexant que le père Bérillot n'ait pas que vous de famille !... Les autres auraient bien dû mourir un brin avant que de venir au monde !

Sourisset et Toinette paraissent au fond.

SCÈNE IX

ADRIENNE, SOPHIE COPEAU, assises sur le devant. SOURISSET et TOINETTE, au fond.

Sourisset, petit crevé. Long, maigre, veston court, pantalon collant. Il est très-myope. Il se cogne à tous les meubles et met le lorgnon à l'œil chaque fois qu'il a heurté quelque chose.

SOURISSET, lutinant Toinette, grande et forte gaillarde.

Allons, Toinette... cinq louis pour un sourire et dix pour un baiser.

TOINETTE.

Merci ben, monsieur, je ne me détaillons point!

SOURISSET, lui prenant la taille.

Eh ben, je prends le tout en bloc.

TOINETTE, comme si elle parlait à *la Grise* en repoussant Sourisset.

Oh ! oh ! oh !... Là. . ne nous emportons point !

SOURISSET.

Toinette, foi de... Sourisset, je te trouve superbe.

Il veut l'embrasser.

TOINETTE, se fâchant.

A bas le museau, qu'on vous dit.

SOURISSET, riant.

Oh ! tu as beau faire les gros yeux, je n'ai pas peur de toi ; après tout, tu ne m'avaleras pas.

Même jeu.

TOINETTE, lui échappant.

Pas de risque... J'ons trop peur des arêtes.

Elle se sauve.

SOURISSET.

Charmant! Le mot est acéré... (Riant de son mot.) Et à serrer... (Il l'inscrit sur son carnet.) Je le placerai, un de ces soirs, au foyer de la danse. (Il descend et aperçoit Adrienne.) Eh mais, parbleu! c'est la belle Adrienne. Bonjour, mon ange, vous allez bien! J'arrive seulement... Et vous?

ADRIENNE.

Je suis ici depuis un mois.

SOURISSET, se retournant.

Avec votre dame... d'honneur... cette excellente madame Copeau... votre fidèle...

SOPHIE COPEAU, pincée.

Je meurs où je m'attache, môssieur!

SOURISSET.

C'est très-gentil à vous. (A Adrienne.) Ah çà! qu'êtes-vous donc devenue, chère? Où étiez-vous donc fourrée?

SOPHIE COPEAU, même jeu.

Nous vivions dans la retraite.

SOURISSET.

Toutes les deux! Vous, je comprends ça.

SOPHIE COPEAU.

Malhonnête.

SOURISSET.

Mais la belle Adrienne, la fée du Lac... c'est un meurtre! (A Adrienne.) Vous savez que votre fugue a eu des effets déplorables? Je suis sûr que c'est à elle qu'il faut attribuer la mort du petit chose... mon ami... mon ami intime... je ne sais plus son nom... qui s'est pendu à la dernière liquidation. Ah! mais, à propos de liquidation, j'y songe... la dernière fois que je vous ai vue, vous partiez pour Monaco... vous vous êtes fait ratisser, hein? et c'est là la cause de votre retraite; allons, cinquante louis que c'est ça...

ADRIENNE, ennuyée.

Mais non...

SOURISSET.

En tout cas, la fortune va vous sourire de nouveau, grâce à la mort de votre oncle — mon brave cousin... je ne sais plus son nom...

SOPHIE COPEAU.

Bérillot!

SOURISSET.

Bérillot!... C'est ça... c'est ça! (Remontant.) Ah! tenez, voilà toute la ribambelle... Ils se dirigent de ce côté... (A Adrienne.) Tiens, qu'est-ce que c'est que celui-là encore qui cause avec les Lanternois?

ADRIENNE.

C'est un de mes...

SOURISSET.

Parfait!

ADRIENNE, sévèrement.

De mes amis... et l'un des amis de mon oncle.

SOURISSET.

Il se nomme?...

ADRIENNE.

Horace Bézuchon.

SOURISSET.

Profession?...

ADRIENNE.

Il a fait un peu de tout... Pour le moment, il est médecin!

SOURISSET.

Un fantaisiste... je vois ça d'ici... Il mourra sur la paille... Cent louis qu'il meurt sur la paille.

SOPHIE COPEAU.

Laissez-nous donc tranquilles avec vos louis, vous en parlez toujours et on ne les voit jamais!

SOURISSET, moqueur.

Passé un certain âge... c'est vrai, madame Copeau.

SOPHIE COPEAU, à part.

Manant!

Elle lui tourne le dos.

SCÈNE X

LES MÊMES, HORACE et MONSIEUR LANTERNOIS, et successivement MADAME LANTERNOIS, PRINCARROT, CHARANÇON et BONAMI.

BÉZUCHON, à Lanternois en entrant, d'un ton gouailleur.

Voyons, voyons, monsieur Lanternois, du calme, pour Dieu, du calme!

LANTERNOIS, jouant la douleur.

Quand vous direz? c'est nerveux... ainsi ces hommes noirs, ce notaire qui viennent d'arriver... tout ce lugubre cérémonial enfin se rattachant à la levée des scellés que l'on fait en ce moment, tout cela a rouvert la blessure de mon pauvre cœur!

BÉZUCHON.

Cela fait votre éloge... mais enfin, il faudrait un peu plus de caractère... Eh bien, pas du tout, au lieu de donner l'exemple du courage à votre pauvre femme, vous semblez prendre à tâche d'entretenir sa douleur. Il faut être homme que diable! (Serrant la main à Adrienne.) N'est-ce pas, Adrienne...

SOPHIE COPEAU, assise près de la cheminée.

C'est ce que je me tue de lui dire à cette chère enfant,

quand elle pleure toutes les larmes de son corps en songeant à feu monsieur Bérillot.

BÉZUCHON, raillant toujours.

Il faut se faire une raison...

SOURISSET.

Certainement!... certainement!...

LANTERNOIS, qui s'essuie les yeux.

Je sais bien, je sais bien... mais c'est plus fort que moi...

MADAME LANTERNOIS, feignant aussi de pleurer.

Ne t'en défends pas, Edgard... (A Horace.) Il y a de ces malheurs qu'on ne saurait oublier.

BÉZUCHON.

Enfin, quoi? vous ne pouvez pas aller contre les décrets de la Providence.

SOURISSET.

Parbleu!...

BONAMI, air béat et parler doucereux. Il se lève.

Le tenter serait faire acte d'impiété.

Il se rassied.

PRINCARROT, brutalement.

Et puis... ça ne servirait à rien du tout... (Reprenant bien vite l'air désolé.) Hélas!...

BÉZUCHON, toujours railleur.

Monsieur Princarrot a raison,

MADAME LANTERNOIS, assise près de la table du milieu.

Mon Dieu? je sais bien... mais le chagrin ne se raisonne pas (Soupirant.), on y cède... instinctivement. (A Horace.) Vous ne pouvez pas sentir cette perte aussi vivement que nous, vous n'étiez pas le parent de...

BÉZUCHON.

J'étais son ami... son ami dévoué...

LANTERNOIS, les yeux au ciel.

Oh! ce n'est pas la même chose!

MADAME LANTERNOIS, de même.

Et les liens du sang!...

CHARANÇON, qui s'était tenu au fond, s'avançant vers les autres

Oh! c'est sacré ça...

MADAME LANTERNOIS.

Vous avez dû être bien frappé n'est-ce pas, monsieur Charançon, quand vous avez appris...

CHARANÇON.

Ne m'en parlez pas... Tenez... c'était jour de marché aux bestiaux. J'étais au cabaret de la Grappe, en train de conclure une affaire de quarante moutons... et on vient me dire... comme ça... Ah! j'en ai pas fini mon verre.

Il s'assied.

PRINCARROT, à gauche près de la table.

Moi, je ne voulais pas y croire! heureusement... car j'aurais fait quelque bêtise.

LANTERNOIS, entre les dents.

Oh! dans le tas...

BÉZUCHON, avec feu à Princarrot, comme s'il prenait au sérieux ses paroles.

Vous eussiez songé... Ah! c'eût été mal...

BONAMI, se levant tout d'une pièce.

Le suicide est un crime.

Il se rassied.

BÉZUCHON.

Pour un soldat... c'est une désertion...

PRINCARROT.

Ah! Qu'est-ce que vous voulez! dans un premier mouvement, comme ça...

BÉZUCHON, lui frappant sur l'épaule.

Allons! allons?... remontons sur notre bête... sacrebleu! après tout, nous sommes tous mortels, et... d'un instant à l'autre...

PRINCARROT.

C'est dans notre métier surtout que c'est vrai... on a beau se bien porter... un morceau de plomb, et va te promener, plus personne... J'ai vu des conscrits qui arrivaient et au premier coup de feu!... Patatras! c'est ça qu'est dur!

BÉZUCHON, continuant à railler.

Encore, quand on a à peu près fourni sa carrière, comme notre pauvre cousin... car enfin, quel âge avait-il?

PRINCARROT, haussant involontairement les épaules.

Eh!... il avait cinquante-trois ans!

BÉZUCHON, se mordant les lèvres pour cacher une envie de rire.

Eh bien, entre nous, là, mes enfants convenez que c'est joli d'arriver à cet âge-là.

MADAME LANTERNOIS, approuvant.

Ah! le fait est...

BÉZUCHON.

Et pas d'infirmités? car il n'avait pas d'infirmités.

BONAMI.

Pas la moindre.

LANTERNOIS.

Il se portait comme un charme.

CHARANÇON.

Et il est tombé comme un chêne frappé de la foudre.

PRINCARROT.

Ah! c'est une belle mort.

BÉZUCHON.

C'est à dire que c'est une vraie chance de finir comme çà.

CHARANÇON.

Ah ! vous avez bien raison !

LANTERNOIS.

Du reste, c'est ce que je demande au ciel tous les jours !

MADAME LANTERNOIS, se jetant à son cou.

Ah! mon ami !

BÉZUCHON.

Quand on pense que ce pauvre Bérillot pouvait, d'un jour à l'autre, être atteint d'une de ces maladies qui vous clouent au lit pendant des mois.

CHARANÇON.

C'est lui qui aurait été malheureux ! car il était comme moi, il ne pouvait pas rester en place!

Il s'assied à gauche.

BÉZUCHON.

Le voyez-vous forcé d'observer une diète sévère, lui qui aimait tant la table... contraint à ne boire que de l'eau ? lui qui aimait tant le vieux bourgogne.

LANTERNOIS.

Mais il aurait souffert le martyre.

PRINCARROT, avec brusquerie.

Tenez, vous allez peut être trouver que je vas un peu loin, mais je vous dis carrément ce que je pense... c'est très-heureux qu'il soit mort...

BÉZUCHON.

Mais oui, c'est très-heureux.

LANTERNOIS, à Bonami.

Il a raison, c'est très-heureux, d'autant plus que... je ne sais pas trop ce qui serait arrivé si... Tenez... Charançon, vous connaissez bien le père Béju ?

CHARANÇON, approchant son fauteuil

Le cantonnier... un bambocheur, un ivrogne!... si je le connais? j'ai dû faire vendre chez lui à la Saint-Martin pour quatre termes qu'il me devait.

LANTERNOIS.

Mais, au dernier moment, vous avez été payé?

CHARANÇON.

Oui.

LANTERNOIS.

Eh bien, savez-vous qui lui avait donné l'argent?

CHARANÇON.

Bérillot peut-être?

LANTERNOIS.

Juste et ça, parce que Pierre Béju avait une fille de dix-huit ans, bien fraîche, bien rose... et que Bérillot en était amoureux.

TOUS.

Pas possible...

LANTERNOIS.

C'est-à-dire qu'il avait juré de l'épouser... je le sais... Eh bien, si ce mariage s'était fait, que serait-il arrivé? Je vais vous le dire? La petite Béju, qui a des goûts de dépense, aurait usé de son pouvoir sur son mari pour l'emmener à Paris ; là, plaisirs et folies de toutes sortes dont eût souffert la santé du cousin. Puis, comme la fille est jolie, elle aurait eu des intrigues... Bérillot, jaloux comme tous les vieillards, aurait mangé jusqu'à son dernier sou pour lutter avec ses rivaux... Ceux-ci l'eussent emporté tout de même, et un beau jour, triste, souffrant et miné par le chagrin, Bérillot se serait éteint dans quelque coin ignoré de la grande ville... vous voyez donc bien que c'est très-heureux qu'il soit mort.

TOUS.

Très-heureux!

Bézuchon rit à part.

BONAMI, en confidence.

Je vous dirai qu'il y a un motif plus sérieux encore pour se féliciter de cet état de choses!

LANTERNOIS.

Comment?

BÉZUCHON, riant de nouveau.

Ils vont très-bien, tout seuls.

BONAMI.

Vous n'ignorez pas que notre pauvre ami n'accomplissait que très-imparfaitement ses devoirs de chrétien!

LANTERNOIS.

Ma femme était toujours en guerre avec lui pour ça.

BONAMI.

Eh bien... l'excellent curé de Valrose avait juré de lui faire faire son salut malgré lui, et savez-vous ce qu'il imagina pour en arriver à ses fins?

TOUS.

Non...

BONAMI.

Il proposa au cousin de faire chaque jour avec lui un cent de piquet.

LANTERNOIS.

Comment?

CHARANÇON.

Un cent de piquet!

BONAMI.

Il faut vous dire que le curé de Valrose a dans son jardin, cinquante pieds de tulipes des plus rares... de tout temps, Bérillot avait voulu les acheter et le curé avait toujours refusé de les lui vendre, mais dernièrement il vint proposer à Bérillot de les jouer.

LANTERNOIS.

Contre quel enjeu?

BONAMI.

Ah! voilà le joli de l'affaire. Il fut convenu que chaque fois que le curé perdrait, il remettrait à son heureux adversaire un pied de tulipes, et qu'en revanche chaque fois que le curé serait le vainqueur, Bérillot s'engagerait à aller entendre une messe. Au bout de quinze jours, pendant lesquels il avait toujours perdu, Bérillot propose de jouer quitte ou double... Quitte ou double soit, répond le bon curé... mais cette fois, si vous perdez, vous viendrez à confesse... Bérillot accepte, perd encore et paye religieusement, c'était la veille de la catastrophe... Le lendemain matin, il apprend que dans l'intérêt de son salut, notre bon curé a triché!... colère de Bérillot qui jure de se venger de la supercherie en redevenant plus parpaillot que jamais; quand tout à coup !... Enfin, une heure plus tard peut-être, et notre pauvre cousin n'était plus en état de grâce!... C'est donc très-heureux qu'il soit mort.

TOUS.

Très-heureux!.....

BONAMI.

Excessivement heureux!

TOUS, en chœur.

Excessivement heureux!

BÉZUCHON, à part.

Oraison funèbre d'un millionnaire!...

SCÈNE XI

LES MÊMES, COLOMBE.

COLOMBE, accourant.

Monsieur Horace? monsieur Horace... (S'arrêtant honteuse.) Ah! pardon! je ne croyais pas qu'il y avait tant de monde ici.

BÉZUCHON.

Qu'importe? parle tout de même.

COLOMBE.

Eh bien! monsieur, voilà ce que c'est : vous savez que depuis une heure on procède à la levée des scellés chez notre pauvre maître?...

BÉZUCHON.

Oui.

COLOMBE.

Eh bien, savez-vous ce qu'on a trouvé dans son secrétaire?

BÉZUCHON.

Non.

TOUS.

Quoi donc?

CHARANÇON.

De l'argent liquide?

BONAMI.

Des actions au porteur?

COLOMBE.

Un testament.

TOUS.

Un testament!

BÉZUCHON.

Quel espoir!

LANTERNOIS, à part.

Il en avait fait un?

COLOMBE.

Même que maître Calichard, le notaire, a dit comme ça qu'il allait se rendre ici pour en donner lecture.

On entend des éclats de rire au dehors.

LANTERNOIS, indigné.

Que signifie?

BONAMI.

Qui ose rire ainsi dans un pareil moment?

COLOMBE.

Qui?... mais c'est maître Calichard.

BONAMI.

Le notaire?

COLOMBE.

Lui-même... Oh! c'est un homme très-gai en dehors de ses fonctions... Il sera très-grave tout à l'heure,

Le notaire paraît au fond.

SCÈNE XII

LES MÊMES, MAITRE CALICHARD et tous les gens de la ferme, puis ANGÈLE DE MÉRIANE et BERNARD.

MAITRE CALICHARD, au dehors et gaiement.

Suivez-moi, mes enfants, suivez-moi, quelque chose me dit que, avant peu, vous aurez tous du foin dans vos sabots. (Il entre; dès qu'il a franchi le seuil de la chambre, il devient d'une gravité de croque-mort.) Une lettre du défunt, à moi personnellement adressée et trouvée à côté du testament olographe dudit, m'ordonne de convoquer pour entendre la lecture de ses volontés dernières, tous les gens de la ferme, maîtres, employés ou serviteurs. (Se retournant.) Qu'on prévienne mademoiselle Angèle de Mériane. (Toinette sort.) Dès qu'elle sera arrivée, nous procéderons à...

On s'empresse autour du notaire.

LANTERNOIS, offrant une chaise.

Prenez la peine de...

BONAMI, avançant un fauteuil.

Dans ce fauteuil, vous serez mieux.

CALICHARD, s'asseyant à la table du milieu, face au public.

Ce n'est pas de refus. (Très-gaiement). Figurez-vous qu'en venant ici, ma jument Bellotte, qui s'était endormie, a failli me jeter dans la mare à Poinçot...

SOURISSET, riant.

Délicieux !

CALICHARD.

Je suis heureusement tombé à côté, mais le coup a été rude.

Il rit franchement.

TOINETTE, rentrant.

Voilà mamzelle...

Angèle paraît. Elle s'assied à gauche.

CALICHARD, grave tout à coup.

Mesdames et messieurs... c'est avec une émotion profonde que je m'asseois au milieu de vous, dans cette même salle où si souvent jadis, face à face avec le tant regretté Bérillot... (Impatience des héritiers qui l'interrompent par leurs murmures.) Je commence : (Il lit). « Valrose, le cinq août... et cœtera... et cœtera !... Trente années d'une dure expérience m'ayant » prouvé surabondamment qu'à de rares exceptions près, le » bonheur, ici-bas, sourit toujours aux hypocrites, aux impu- » dents, aux égoïstes, aux coquins et aux lâches (Étonnement. » On se regarde. Continuant) et devant, pour cette raison, être » parfaitement rassuré sur l'avenir de mes chers neveux et » cousins... »

TOUS, bondissant.

Hein...

LANTERNOIS, s'élançant.

Vous avez mal lu...

PRINCARROT.

Sacrebleu ! il est impossible...

CALICHARD, souriant.

C'est écrit !

Il montre le passage.

SOURISSET, grimpé sur la chaise du notaire et regardant par-dessus sa tête.

C'est écrit !... Positivement, c'est écrit

CALICHARD, reprenant gravement sa lecture.

« Considérant par contre, qu'il y a ici-bas une personne qui
» par sa douceur, sa charité et enfin toutes les vertus dont elle
» a été *malheureusement* douée, est fatalement destinée au
» chagrin et voulant la mettre à même de lutter contre le sort
» qui l'attend, je soussigné, Pierre-Jean Bérillot, fermier à
» Valrose, institue légataire universelle de tous mes biens
» meubles et immeubles que j'aurai et délaisserai au jour de
» mon décès, mademoiselle Angèle de Mériane (Mouvement,
» agitation. Le notaire continue), pour qu'elle en dispose en pleine
» propriété et jouissance. (Tout le monde se lève furieux. Le notaire
» continuant dans le tumulte). A la seule charge par elle d'assurer
» le sort de tous ceux qui m'ont fidèlement servi.

On n'a pas écouté ces derniers mots, le tumulte est arrivé à son comble.

LANTERNOIS et BONAMI.

Déshérités?

CHARANÇON.

C'est une infamie!

PRINCARROT.

Bérillot était un vieux coquin!

SOPHIE COPEAU, tapant sur la table.

On attaquera le testament!

TOUS.

Oui, oui.

CALICHARD, criant.

Il est inattaquable!

SOPHIE COPEAU.

On l'attaquera tout de même!

TOUS.

Sortons!

Débâcle. Mouvement extraordinaire.

CALICHARD.

Un instant... Il y a une dernière clause... qui vous concerne tous!... (Le silence se rétablit comme par enchantement. Lisant.) « Toutefois, comme si ladite Angèle de Mériane décédait sans enfants, la fortune que je lui lègue reviendrait à mes héritiers naturels, j'engage ma légataire universelle à se marier aussitôt que faire se pourra... (Nouveaux cris de désappointement Le notaire achève au milieu du vacarme.) « Fait et écrit en entier de ma main, le cinq août. Etc. etc...

» PIERRE-JEAN BÉRILLOT. »

CALICHARD, à Angèle.

Recevez mes félicitations, mademoiselle.

BÉZUCHON, joyeux.

Quel bonheur!... chère enfant, embrassez-moi.

ANGÈLE.

Cette fortune... je ne puis... je ne dois pas l'accepter!...

BÉZUCHON.

Ce n'est pas un don... c'est une restitution... D'ailleurs, la volonté d'un mourant est sacrée!

BERNARD, avec joie.

Angèle!... Riche!

ADRIENNE, à part, sombre.

Rien! plus rien!... (Après un temps, elle regarde alternativement Angèle et Bernard.) Angèle, tu m'as pris ma fortune, je te prendrai ton bonheur!

Tableau général. Le rideau tombe.

ACTE DEUXIÈME

Deuxième Tableau

LE BAGNE DE L'AMOUR

Un an après le premier acte. A Asnières. Le théâtre est séparé en deux; à droite, le jardin d'Adrienne, avec la grille donnant sur la route. Arbres, corbeilles de fleurs. Bancs et chaises de jardin. A gauche, un cabaret, à l'enseigne *du Goujon amoureux*. Au fond, la rivière, traversée à gauche par le pont d'Asnières. A l'extrême lointain, les restaurants connus.

SCÈNE PREMIÈRE

BANCROCHE, UN GARÇON PÊCHEUR, LIZERON.

Bancroche et un garçon pêcheur arrivent par la droite.

LE GARÇON PÊCHEUR.

La pêche est belle, ce matin, père Bancroche?

BANCROCHE.

Superbe! Voilà des fritures pour six semaines.

LE GARÇON PÊCHEUR.

Six semaines! Ils finiront peut-être par ne plus être frais, les goujons...

Ils entrent dans le cabaret.

LIZERON, seul, à droite, dans le jardin, étendu sur un banc.

Si j'avais su, c'est moi qui serais resté bien tranquillement à Valrose, avec mamzelle Angèle et ma petite Colombe! Au lieu de ça, j'ai voulu être groom... Et dans quelle baraque suis-je tombé, bon Dieu! si encore mamzelle Adrienne, ma bourgeoise, habitait Paris, j'aurais des distractions et je prendrais mes bottes en patience... Mais, dans ce gredin de pays d'Asnières, je m'ennuie! .. oh! je m'ennuie... Et puis l'air est malsain ici! Et comme c'est composé!... oh! la! la! quel drôle de monde! (Musique. Regardant vers la gauche.) Voilà un échantillon des naturels de l'endroit!... Oh! Asnières! Asnières!... (Bâillant.) Je vas aller faire un somme sur la pelouse!

Il s'éloigne par la droite.

Ravigot et Margotet paraissent par la gauche. Margotet a de grands favoris, un énorme chapeau à bords retroussés, large pantalon, grosse canne à la main, le teint fleuri, l'allure souriante. Ravigot blême, chétif, habit noir trop juste, pantalon trop court, bottines de femme, vieux chapeau à bords étroits.

SCÈNE II

RAVIGOT, MARGOTET, BANCROCHE.

Margotet marche le premier, Ravigot le suit en traînant la jambe.

RAVIGOT, humant avec délices.

Ça sent la friture!

MARGOTET,

Asseyons-nous... assieds-toi, Ravigot...

Bancroche qui vient de reparaître, essuyant la table.

BANCROCHE.

Que faut-il servir à ces messieurs! bons vins, bonnes liqueurs, bonnes fritures, goujons, éperlans!

RAVIGOT, joignant les mains.

Des éperlans!

MARGOTET, à Bancroche.

Vous me donnerez... une bouteille à un franc.

RAVIGOT.

Ça c'est une idée! il doit être excellent à un franc...

MARGOTET.

A mon ami Ravigot, vous donnerez un demi-litre à douze.

RAVIGOT, vexé.

Ah!

Le cabaretier sort. Ravigot allume un cigare.

MARGOTET.

Mon cher, je n'ai sur moi qu'un franc trente centimes... Je hais le vin au litre...

RAVIGOT.

Et vous prenez pour vous le vin en bouteille. C'est bien simple!

MARGOTET, qui mâchonnait un bout de cigare.

Du feu, je te prie!

Ravigot lui passe son cigare. Margotet le prend, le fume et rend à Ravigot le bout qu'il mâchonnait.

RAVIGOT.

Ah! mais pardon... pardon!... vous vous trompez!

Il veut reprendre son cigare.

MARGOTET, avec sévérité.

Je ne me trompe jamais!

RAVIGOT, navré.

Pas de chance!

Bancroche a apporté deux verres, une bouteille et un litre à moitié plein.

MARGOTET, trinquant avec Ravigot.

Ma foi! à la campagne, c'est un plaisir d'écraser un grain.

RAVIGOT.

C'est charmant!

MARGOTET.

Écrasons donc.

RAVIGOT.

Écrasons!

Ils boivent.

MARGOTET.

Est-il bon ton vin à douze, Ravigot?...

RAVIGOT, faisant la grimace.

Excellent!

MARGOTET.

Sois gai alors.

RAVIGOT.

Mais je suis gai... (Riant.) Mon Dieu, suis-je gai! (Effrayé.) Pourquoi donc suis-je gai comme ça?

Sans être vu de Margotet, il change les verres de place.—Margotet vide celui de Ravigot, se lève furieux et frappe de sa canne sur la table.

MARGOTET.

Môssieur Ravigot!

RAVIGOT, tremblant.

Eh bien! quoi, je me suis trompé!

MARGOTET.

Je ne me trompe jamais, moi... Tâche de m'imiter... (Ravigot fait un mouvement de mauvaise humeur.) Décidément, il n'y a rien à faire avec toi, je passe ma vie à te donner des distractions. Tu fumes mes cigares... tu bois mon vin... et tu fais toujours ton nez!

RAVIGOT, avec reproche.

Avant de vous connaître, monsieur Margotet, quand j'étais clarinette aux Funambules, je menais une existence réglée, honnête... toujours sans le sou, c'est vrai, mais honnête!

MARGOTET, chantonnant.

« Faut d' la vertu, pas trop n'en faut. »

RAVIGOT.

C'est mon avis. Aussi, quand j'ai fait votre connaissance et que vous m'avez dit : « Je suis impresario, je cherche à monter un café-concert, voulez-vous être ma clarinette? » J'ai accepté. Vous n'avez pas monté le moindre café-concert.

MARGOTET.

Non! mais j'ai utilisé ta clarinette...

RAVIGOT, soupirant.

Dans quelles occasions, mon Dieu!

Il presse son instrument sur son cœur.

MARGOTET.

Je ne sais pas de quoi tu te plains; ma parole d'honneur, on dirait à t'entendre que nous sommes deux brigands calabrais.

RAVIGOT.

Ma foi... à part le chapeau...

MARGOTET, très-sévère.

Nous sommes des artistes, monsieur Ravigot. (Se levant.) Sosthène Margotet, accordeur de pianos... Réponds, Ravigot, n'ai-je pas bien l'allure d'un accordeur?

RAVIGOT, le regardant.

C'est étonnant, c'est-à-dire qu'en vous voyant passer, on se dit tout de suite : « Tiens! elle est bien bonne, voilà un accordeur... » (Se levant à son tour.) Seulement, chaque fois que vous accordez un Érard ou un Pleyel quelconque, beigne! vous cassez toutes les cordes.

MARGOTET, très-sérieux.

Je ne comprends le piano que dans ces conditions-là! Grâce à ce titre, je m'introduis dans les meilleures maisons, j'accorde... et... tout en accordant, je serre adroitement dans mes poches ce que, par négligence, on a laissé traîner.

RAVIGOT.

Moi, pendant ce temps-là, je fais le pied de grue sous les fenêtres, et, dès que j'aperçois l'ombre d'un tricorne, j'embouche mon instrument!

Il montre sa clarinette.

MARGOTET, le chapeau à la main.

Je salue et je décampe.

RAVIGOT, de même.

Nous filoutons en musique...

MARGOTET.

C'est simple...

RAVIGOT.

Et de bon goût!

Ils remettent leurs chapeaux en même temps, et retournent s'asseoir d'un seul et même mouvement.

MARGOTET.

A la tienne, Étienne...

RAVIGOT, trinquant.

A la vôtre! (Reposant son verre.) Tout ça est bel et bon, mais, depuis quelque temps, vous n'accordez presque plus.

MARGOTET.

Rassure-toi (A voix basse.), j'ai rendez-vous, ici même, avec le grand Jules. Je l'ai rencontré hier. « Viens donc demain chez Bancroche, au pont d'Asnières, qu'il m'a dit, j'aurai un mot à te confier. »

RAVIGOT, regardant à gauche.

Une belle fille et un beau garçon!

MARGOTET, se levant.

C'est le grand Jules et sa bonne amie!

Le grand Jules et Lodoïska entrent gaiement par la gauche.

SCÈNE III

LES MÊMES, JULES, et LODOISKA.

Jules, mise dégingandée, assez propre, large pantalon, feutre mou, grande cravate rouge, des bagues aux doigts, une chaîne de col.
Lodoïska, robe fond blanc, bonnet à rubans de couleurs éclatantes, un châle sur le bras. Des roses plein les mains.

LODOISKA, chantant.

Laissons les enfants à leur mère,
Prenons les roses aux rosiers.

Ravigot prend sa clarinette et l'accompagne.

LODOISKA, au bord de l'eau.

Oh! des pâquerettes, laisse-moi en cueillir, Jules!

JULES, voix rauque.

Oh! là! là! des fleurs! toujours des fleurs! ces jeunesses, ça ne connaît que ça! (Descendant) Ah! te v'là, Margotet...

LODOISKA, accourant.

Bonjour, monsieur Margotet.

MARGOTET.

Belle dame!

Il lui baise la main.

JULES, voyant Ravigot.

Bonjour, Ravigot, tu vas bien, clarinette de mon cœur.

Il lui donne une forte tape sur le ventre.

RAVIGOT, préservant sa clarinette.

Vous allez me la casser! Vous ne savez donc pas que c'est un souvenir de famille!

MARGOTET, frappant sur la table.

Père Bancroche!.. holà, père Bancroche!..

BANCROCHE, accourant.

Bons vins! bonnes liqueurs! bonnes fritures! goujons! éperlans!

MARGOTET.

Redonnez du liquide et du meilleur.

Le cabaretier sort.

RAVIGOT.

Oh! oui! du meilleur!

JULES.

Causons affaire.

Lodoïska effeuille une pâquerette.

JULES, montrant à Margotet la grille de droite.

Tu vois bien ce bazar-là?...

MARGOTET, examinant la maison.

Après?

JULES, tout bas.

Il y a un coup à faire là-dedans...

RAVIGOT.

Bah!... (Apercevant le cabaretier qui rentre avec le vin, il s'élance auprès de Lodoïska.) C'est joli, les pâquerettes!

Le cabaretier s'en va après avoir servi. Ravigot reprend sa place à table.

MARGOTET, reprenant.

Il y a un piano à accorder?

JULES.

Oui.

Tous trois se rapprochent et causent à voix basse.

LODOISKA, tout à ses fleurs et continuant à effeuiller une pâquerette.

Je t'aime!...

JULES.

Tantôt il y a une masse de monde, tantôt il n'y en pas...

LODOISKA.

Un peu, beaucoup... passionnément! pas du tout! (Geignant.) Dis donc, Jules, tu ne m'aimes pas du tout.

JULES, se levant.

Mais si... mais si... es-tu bête!

Il l'embrasse.

MARGOTET, se levant solennel.

Ravigot, je t'avais bien dit que le métier d'accordeur n'était pas perdu.

RAVIGOT.

Il y a encore de beaux jours pour les clarinettes.

JULES, revenant, aux autres.

Maintenant que la chose est entendue, allons faire une partie de tonneau...

LODOISKA, gaiement.

Ça va!...

JULES, montrant Margotet.

Méfie-toi de lui... c'est un veinard.

MARGOTET.

Ravigot, tu peux nous accompagner. (Ravigot joue un air.) Pas sur ta clarinette (Lui frappant les jambes de sa canne.), sur tes flûtes...

Jules et Lodoïska entrent dans le cabaret. Margotet les suit avec Ravigot. Pendant ce temps, Bézuchon a paru au fond, par la droite.

SCÈNE IV

BÉZUCHON, LIZERON.

BÉZUCHON, le cigare aux lèvres, regardant la grille du jardin.

C'est ici!... Combien de fois, jadis, me suis-je arrêté devant ce jardinet, le cœur ému et le front rayonnant! (Souriant.) J'avais ma clef dans ce temps-là! (Il sonne à la grille.) Aujourd'hui, je sonne!...

LIZERON, accourant.

Tiens, c'est monsieur Bézuchon !...

Il ouvre la grille.

BÉZUCHON, entrant dans le jardin.

Bonjour, Jocko ; ta maîtresse est-elle visible ?

LIZERON.

Elle vient de sortir, monsieur. Elle fait une petite promenade au bord de l'eau, avec sa société.

BÉZUCHON.

Sera-t-elle bientôt de retour ?

LIZERON.

Je l'ignore, monsieur.

BÉZUCHON.

C'est bon, j'attendrai. (Il s'assied et continue de fumer. Après un temps, et, avec une certaine hésitation.) Et monsieur Jacques Bernard ?

LIZERON.

Oh ! lui, il n'est jamais ici avant cinq heures.

BÉZUCHON.

Pourquoi ?...

LIZERON.

Parce qu'il a une place dans une maison de banque !... Il est comptable, caissier, je ne sais quoi...

BÉZUCHON.

Il n'habite donc pas ici ?

LIZERON.

Madame lui a fait entendre que ce n'était pas convenable... et, depuis trois mois, il a un petit logement à Paris, du côté du Luxembourg. J'y suis allé l'autre jour, c'est pas luxueux du tout.

BÉZUCHON.

On ne roule donc pas sur l'or ici ?

LIZERON.

C'est-à-dire qu'on est dans une gêne perpétuelle ! On doit à tous les fournisseurs, à preuve que je n'ose plus me promener dans les rues.

BÉZUCHON.

Et as-tu de bons gages au moins ?

LIZERON, naïvement.

Superbes ! Et je dois dire que chaque fois que l'on ne me les aie pas, on m'augmente.

BÉZUCHON.

Et t'augmente-t-on souvent ?

LIZERON.

Tous les mois, monsieur, régulièrement !

BÉZUCHON, riant.

Tu l'as voulu, ta position avant tout !

LIZERON.

Oh! monsieur Bernard ne se conduit pas bien du tout avec moi! Ce n'est pas un méchant garçon, c'est vrai, et madame a tort de le brusquer comme elle le fait! Mais, c'est égal, il ne se remue pas assez pour sortir du pétrin... Sapristi! quand on a un groom, on se donne du mal, on pioche, on passe les nuits, quoi, pour le nourrir!

BÉZUCHON, après un temps.

Alors, Adrienne et Bernard sont toujours en querelle?

LIZERON.

Toujours... Ah! monsieur Bernard et moi, nous aurions joliment mieux fait de ne pas quitter le pays qui nous a donné le jour!

BÉZUCHON, à lui-même.

Puisqu'il en est ainsi, il faudra bien que Bernard y revienne!

LIZERON.

Mais, à propos du pays, vous en revenez vous, car vous n'avez pas voulu quitter mamzelle Angèle... Le fait est qu'elle n'était guère bien portante et qu'elle avait besoin de vous, monsieur le docteur. Et Colombe? Depuis mon départ, le chagrin l'a brisée, n'est-ce pas?...

BÉZUCHON.

Elle ne peut plus marcher.

LIZERON.

Pauvre fille!...

BÉZUCHON.

Tant elle engraisse!...

Entrée d'Adrienne, en élégant costume de campagne.

LIZERON, désappointé.

Ah! eh bien, moi je dépéris à vue d'œil... je m'ennuie tant!... (Regardant vers la gauche.) Voici madame!

SCÈNE V

ADRIENNE, BÉZUCHON.

ADRIENNE, à elle-même.

Ah! je les ai quittés! leur gaieté me fatigue, leurs rires m'agacent... (Entrant dans le jardin.) Horace! vous, ici!... par quel hasard?... (A Lizeron.) Laisse-nous. (Lizeron sort.) Depuis un an, vous n'avez pas daigné une seule fois...

BÉZUCHON.

Depuis un an, ma chère Adrienne, je n'ai presque pas quitté la ferme de Valrose...

ADRIENNE.

Vous voulez dire la fermière, mademoiselle de Mériane !

BÉZUCHON.

La pauvre enfant est malade... très-malade...

ADRIENNE.

Et enfin quel motif grave vous amène ?

BÉZUCHON.

Le plaisir de vous serrer la main, d'abord...

ADRIENNE.

Oui ! oui ! c'est convenu. Et puis ?...

BÉZUCHON.

Tenez, ma chère Adrienne, j'irai droit au fait : je viens vous parler de Bernard ?...

ADRIENNE.

De Bernard ?...

BÉZUCHON.

Depuis un an, l'existence fiévreuse qu'il mène n'est pas faite pour lui : elle épuise ses forces, brise son corps et tue son âme...

ADRIENNE.

Vous êtes donc son confident...

BEZUCHON.

Non, je suis un peu son ami, voilà tout !. .

ADRIENNE.

Vous !... son ami !...

BEZUCHON.

Je l'ai vu maintes fois, à Valrose, jadis... C'est une honnête nature... et je m'intéresse à lui... beaucoup...

ADRIENNE, raillant.

En vérité... Et qu'attendez vous de moi, en définitive?...

BÉZUCHON.

Jusqu'à ce jour, Adrienne, vous avez empêché Bernard de retourner à Valrose... Eh bien ! laissez-lui reprendre le chemin du pays... c'est un devoir pour lui... et ce devoir accompli lui fera du bien au cœur... Voyons, Adrienne, vous êtes femme ! vous devez être bonne ! ne vous opposez plus à son départ... Si vous l'aimez, faites mieux encore... conseillez-lui de partir ?...

Adrienne le regarde en face durant quelque instants, sans parler.

ADRIENNE, souriant.

Vous me croyez donc bien naïve, mon pauvre Bézuchon ?...

BÉZUCHON.

Plaît-il ?...

ADRIENNE.

Allons !... ne faites pas l'innocent ! Le bonheur de Bernard n'est qu'un prétexte... et si vous tenez tant à ce qu'il retourne à ses moutons de Valrose, ce n'est pas pour lui, c'est pour votre Angèle.

BÉZUCHON.

Eh bien... Eh bien! oui, là, vous avez deviné... oui, Adrienne, oui, c'est pour Angèle que je vous implore. Bernard, lui, c'est un ingrat... un égoïste... c'est un homme enfin!... mais Angèle... Si vous saviez comme sa pauvre âme est souffrante depuis que son frère est séparé d'elle, car il y a un an qu'il ne lui a donné de ses nouvelles?...

ADRIENNE.

Ah! c'est désolant!

BÉZUCHON.

Si bien que la chère délaissée pleure de cet abandon, et que tous mes soins, tous mes efforts, n'ont pu triompher de son chagrin! Alors, ma foi j'ai abannonné ma malade, et je suis venu à vous, Adrienne, pour vous supplier de la sauver! Que Bernard la revoie... que son baiser fraternel vienne essuyer ses larmes... et il vous reviendra plus aimant que jamais, car il n'aura plus à vous reprocher de l'avoir fait oublieux et lâche!...

ADRIENNE, après un temps.

Alors vous vous figurez que je le retiens de force; mais vous ne réfléchissez donc pas que voilà un an que je suis avec lui... et qu'il est pauvre!...

BÉZUCHON.

Que voulez-vous dire?...

ADRIENNE.

Tenez vous avez été franc avec moi, je serai franche avec vous. Je ne l'aime pas, je ne l'ai jamais aimé! Jamais! Vous entendez bien!... En lui faisant quitter Valrose, j'ai voulu me venger de votre Angèle!...

BÉZUCHON.

Oh!...

ADRIENNE.

Et puis je n'avais pas oublié la clause du testament qui nous déshérite à jamais si Angèle de Mériane se marie.

BÉZUCHON.

Eh bien?

ADRIENNE.

Eh bien, en la séparant de Bernard, j'assurais mon avenir!.. Beau chef-d'œuvre que j'ai fait là, du reste. Je pensais avoir à faire à un enfant que j'aurais mené à mon gré et qui ne m'eût gênée en rien. Au lieu de cela, je suis tombée sur une espèce de fou qui me fatigue de son amour et dont la jalousie est un obstacle éternel à mes projets. Oh! si cela dépendait de moi... Tenez, vous me suppliez de le laisser partir, eh bien! moi, je vous conjure de l'emmener.

BÉZUCHON.

Puisqu'il vous aime tant, je n'en aurai plus le courage... je vous demanderai au contraire de tâcher de l'aimer un peu.

ADRIENNE.

L'aimer, c'est impossible... A tout prix, il faut qu'il parte, il partira!...

BÉZUCHON, à lui-même.

Pauvre garçon! (Après un temps.) Après tout, si elle le quitte, il retournera peut-être à Angèle!..

Rires dans la coulisse. Entrée bruyante de Sourisset, Princarrot, Moleskine et Psychette.

SCÈNE VI

LES MÊMES, SOURISSET, PRINCARROT, MOLESKINE et PSYCHETTE.

TOUS, entrant dans le jardin à l'exception du soldat.

Ah!... Bézuchon. Bonjour, monsieur Bézuchon.

LES DEUX FEMMES.

Est-ce que vous dînez avec nous, mon petit Horace?...

ADRIENNE.

Oh! oui, au fait, dînez donc avec nous!...

TOUS.

Oui! oui!...

BÉZUCHON.

Ma malade a besoin de mes soins : je repars tout à l'heure. Adieu, Adrienne. Mesdemoiselles, tout à vous!...

Il sort du jardin

LES FEMMES.

Au revoir, mon petit Horace, au revoir.

BÉZUCHON, à Princarrot, qui allume sa pipe.

Ah! vous voilà. Au revoir...

PRINCARROT.

Au revoir!

Il entre dans le jardin.

BÉZUCHON, à lui-même.

Allons, puisque Bernard ne veut pas venir à Valrose, c'est Valrose qui viendra à Bernard.

Il sort.

SCÈNE VII

LES MÊMES, moins HORACE.

SOURISSET.

Il s'en va... Ma foi, je ne m'en plains pas... Je le trouve insupportable, cet être-là !

MOLESKINE.

Ne dites donc pas ça, il est gentil comme tout!...

PSYCHETTE, avec sentiment.

C'est l'ami des femmes!...

MOLESKINE.

Tiens! et Bernard!... il n'est donc pas encore arrivé?

ADRIENNE.

Non! Je ne sais ce qu'il fait!

MOLESKINE.

Bernard vous fait poser, ma biche. Jamais on ne me ferait ça, à moi. Je mène mon monde à coups de cravache.

PRINCARROT, assis à droite.

Ça vient de ce que vous êtes écuyère à l'Hippodrome. Très-forte, la belle Moleskine! Mais elle est mauvaise la blague des cerceaux en papier.

Tout le monde rit.

MOLESKINE, s'avançant furieuse.

Grand bédouin!...

PSYCHETTE, au fond, regardant par la grille.

Ah! voilà Bernard!

SOURISSET, également à la grille.

Arrivez donc!

Bernard paraît par la gauche. Habits râpés, triste, pâle.

SCÈNE VIII

LES MÊMES, BERNARD.

BERNARD, saluant froidement tout le monde et venant à Adrienne.

Bonjour, Adrienne. (Il veut lui baiser la main, elle la retire.) Mais, qu'as-tu ? tu me recevras donc toujours ainsi ?...

ADRIENNE, sèchement.

Ma loge pour ce soir ?

BERNARD, tirant un papier de sa poche et le donnant à Adrienne, avec un triste sourire.

Voici le coupon...

ADRIENNE.

Vous avez une façon charmante de donner... Gardez-la, votre loge! (La prenant.) Si jamais je vous redemande quelque chose...

PRINCARROT, appelant.

Lizeron!... des cigares!...

LIZERON.

Monsieur, j'ai fumé le dernier ce matin!

ADRIENNE, bas à Bernard.

A propos, vous savez... ils dînent tous ici...

BERNARD.

Ah! ils dînent... Bien! bien!... (Fouillant dans ses poches et donnant son porte-monnaie à Adrienne.) Tenez! (Adrienne ouvre le porte-monnaie et sourit.) C'est tout ce j'ai!

ADRIENNE, appelant.

Lizeron!

Lizeron paraît, elle lui donne l'argent, Lizeron s'éloigne.

PSYCHETTE, à Bernard.

Eh bien, l'homme soucieux, va-t-on tâcher ce soir d'être un peu moins sombre?...

BERNARD, souriant.

On fera son possible...

PRINCARROT.

Allons, soyez gai, sacrebleu, soyez gai!

SOURISSET.

Je parie vingt-cinq louis que vous vous ennuyez avec nous!

BERNARD.

Moi!

MOLESKINE, descendant près d'Adrienne.

Dis donc, Adrienne, tu sais? je vais à Bade avec mon petit baron... si tu veux nous t'emmenons?

ADRIENNE.

Moi?

MOLESKINE.

J'ai une idée charmante..

PRINCARROT.

Pas possible!...

MOLESKINE.

Tu te mettras comme moi... les mêmes bijoux, les mêmes toilettes tout à fait; nous aurons l'air des deux sœurs...

ADRIENNE.

Me mettre comme toi!... tu te mets trop bien...

PSYCHETTE.

Bah!... Bernard te donnera tout ça... (A Bernard.) N'est-ce pas, Bernard?...

BERNARD, oppressé.

Oui !... oui !...

SOURISSET.

C'est ça... allez à Bade et dépensez un argent fou...

BERNARD, très-malheureux.

Sans doute !... C'est le seul moyen de s'amuser !

SOURISSET.

Le seul. Sans argent...

BERNARD, continuant avec fièvre.

Il n'y a rien .. ni amour, ni bonheur.

ADRIENNE, le fixant.

Rien !...

BERNARD, à part.

Ah ! que je souffre !... Mon Dieu que je souffre !

Il s'asseoit.

LIZERON, entrant.

Le cognac et les cigares attendent ces messieurs sous la tonnelle.

PRINCARROT.

Bravo !

MOLESKINE.

En attendant le dîner, je propose un petit bac... qui l'aime, me suive !...

TOUS.

Au baccarat !

Sortie générale.

SCÈNE IX

BERNARD, ADRIENNE.

ADRIENNE, qui se promenait avec agitation, s'approche de Bernard, qui s'est assis accablé à gauche.

Vous savez que cette existence-là n'est plus possible ?

BERNARD.

Que veux-tu dire ?

ADRIENNE.

Je veux dire... que cette gêne perpétuelle ne peut continuer. J'ai toujours exécré la misère. Je me suis enfuie de chez mes parents, à seize ans, à cause de ça. Je me suis faite ce que je suis pour ne pas avoir de robes fripées...

BERNARD.

Mais, Adrienne, la robe que tu portes est toute neuve, fort belle et te sied à ravir... et puis, enfin... quoi ? je fais tout ce que je puis, tu le sais bien... Pour trouver chaque jour de l'argent, à quelles fatigues, à quelles humiliations ne suis-je

3.

pas condamné?... Et cependant, je vais toujours... Stratagèmes, rubriques, insuccès, ruses, que sais-je. Pour réunir quelques louis, que ne dois-je pas dire? que ne dois-je pas inventer?.. Adrienne, sois patiente, sois bonne, songe à la vie que je mène et tu pourras peut-être supporter celle que je te fais mener!...

ADRIENNE.

Eh! mon cher! qu'est-ce que vous voulez que je vous dise? Après tout, c'est votre faute tout ça... Lorsque j'ai été déshéritée, quand ce bel espoir de richesse qui avait lui un instant, s'est éteint tout à coup... je suis revenue à Paris, et j'ai été assez folle pour vous permettre de me suivre... A partir de cette jolie petite histoire-là, tout a marché ici, Dieu sait comme!... Et voilà un an que ça dure!... Et quand je parle de monsieur de Mauristein... vous faites vos éternelles plaisanteries d'amour romanesque, vous jouez votre scène habituelle, et je reste!...

BERNARD.

Et tu fais bien, car, je te le jure, le jour où tu serais la maîtresse d'un autre, je te tuerais...

ADRIENNE, très-calme.

Oui, et le terme? Quand allez-vous le payer?...

BERNARD.

Bientôt... j'espère...

ADRIENNE.

Vous savez qu'on a envoyé ce matin congé par huisser...

BERNARD.

Ah!

ADRIENNE.

Vous voulez qu'on saisisse! Vous voulez qu'on vende! on vendra...

BERNARD, se tordant les mains

Mais enfin, voyons, pour avoir de l'argent, que veux-tu donc que je fasse?

ADRIENNE.

Ça ne me regarde pas. Je veux être riche, voilà tout.

BERNARD.

Ah! je ne vous comprends pas!... je ne veux pas vous comprendre... (Apercevant madame Copeau qui entre.) Tenez, je vous laisse avec cette femme, elle vous comprendra, elle!

Il sort par la droite.

SOPHIE COPEAU.

Mais oui, que je la comprendrai... on n'est pas une bête comme vous, mon petit. (Descendant.) Il s'en va! bon voyage!

SCÈNE X

ADRIENNE, SOPHIE COPEAU

SOPHIE COPEAU, à Adrienne.

Adrienne, j'ai une bonne nouvelle à vous apprendre.

ADRIENNE.

Qu'est-ce donc?...

SOPHIE COPEAU.

Monsieur de Mauristein?... votre premier protecteur...

ADRIENNE.

Eh bien?...

SOPHIE.

Il était marié, pas vrai?

ADRIENNE, impatientée.

Eh! oui! oui!.. Mais la bonne nouvelle...

SOPHIE.

La bonne nouvelle, c'est qu'il est veuf!

ADRIENNE, très aimable.

Sa femme est morte... Assieds-toi donc! (Elles s'asseyent. Changeant de ton.) Au fait, qu'est-ce que ça me fait?...

SOPHIE.

Que vous êtes naïve!... Il nous adorait ce banquier... puisqu'il est veuf, à cette heure, pourquoi qu'il ne nous épouserait pas!

ADRIENNE.

Tu es folle!

SOPHIE.

Nous devenons millionnaire. Nous donnons quelques petits morceaux du gâteau à cette pauvre Sophie... qui est une grosse gourmande. On nous bénit, et allez la musique!...

ADRIENNE.

C'est vrai!... Je serais millionnaire!... (Redevenant sombre.) Mais comment revenir au comte!... Il ne me pardonnera jamais.

SOPHIE.

Allons donc!... Les hommes de cet âge-là, ça pardonne toujours.

ADRIENNE.

Tu ne connais pas monsieur de Mauristein!... (Avec un cri, se levant.) Folle que je suis! Et la petite!...

SOPHIE.

Quelle petite?

ADRIENNE.

Ma fille! et la sienne à lui... au comte...

SOPHIE.

Vous avez eu un enfant de monsieur de Mauristein? et vous ne m'en avez jamais rien dit?

ADRIENNE.

Je n'y ai pas pensé...

SOPHIE.

Oh! mais nous sommes sauvées... où est-elle?

ADRIENNE.

Ah! je l'ignore! à peine était-elle née que je la confiai à une paysanne, mariée à un ancien soldat... qui partit avec ma fille dans je ne sais quel petit village du côté de Troyes...

SOPHIE.

Il y a longtemps de cela?

ADRIENNE.

Six ans à peu près...

SOPHIE.

Il faut chercher cette enfant et la reprendre tout de suite. En la voyant, monsieur de Mauristein qui n'a jamais eu de mioches de sa femme, s'attendrira... Aujourd'hui même, je vais me mettre en quête de ceux qui ont votre... Comment s'appellent-ils?

ADRIENNE, *cherchant.*

Je ne sais plus.

SOPHIE.

Voyons... vous avez bien un indice, une lettre?

ADRIENNE.

Une lettre! attends donc!... Oui, je crois que j'en ai une, dans laquelle on me disait que la petite était malade!

SOPHIE.

Mon Dieu! pourvu qu'elle ne soit pas morte!

ADRIENNE.

Viens! viens vite... nous allons fouiller toutes mes paperasses, et nous trouverons cette lettre!

SOPHIE.

Allons!. . nous serons millionnaire et comtesse!

Elles sortent par la droite, tandis que Claude Lazare entre par le fond avec Claudine et Louise.

SCÈNE XI

LAZARE, CLAUDINE, LOUISE.

Ils descendent en scène. Claude Lazare est endimanché. Il a la croix d'honneur. — Louise est coquettement mise. — La petite Claudine est en robe blanche, avec une ceinture bleue. Elle tient des livres à la main et plusieurs couronnes.

LAZARE, *qui tient Claudine par la main.*

Viens! viens! ma Claudinette.

CLAUDINE.

C'est moi qui suis contente, papa Lazare, de me promener avec toi !

LAZARE, flatté.

Vraiment, mademoiselle ..

CLAUDINE.

Ah ! c'est que tu es joliment bien mis aujourd'hui... Quand t'es dans ton chemin de fer, t'es pas si beau que ça !

LAZARE, riant.

Je serai beau comme ça toute la journée... Exempté du service, en ton honneur !

LOUISE.

Dites donc, monsieur Lazare, voilà un joli petit cabaret. Si nous entrions là nous rafraîchir.

LAZARE.

Entendu. Et nous allons crânement fêter la distribution des prix !

Ils s'installent devant le cabaret.

CLAUDINE, *frappant sur la table et appelant en riant,*

Garçon !... garçon !

BANCROCHE, *accourant.*

Bons vins ! bonnes liqueurs ! bonnes fritures... goujons... éperlans...

LAZARE.

Vous avez tout ça... Eh bien, donnez-nous de la bière et des échaudés...

CLAUDINE, *battant des mains.*

Oh ! des échaudés !

Bancroche est rentré dans le cabaret.

LOUISE.

Ça t'est bien dû... quand on vient d'avoir tant de prix que ça !

LAZARE.

C'est admirable !... Jamais je n'en ai eu autant ! ça vient peut-être de ce que je n'ai jamais été en pension. (*Bancroche apporte la bière et les échaudés.*) Bravo !...

CLAUDINE.

A moi, papa ! à moi !

Elle tend son verre

LAZARE, *regardant la bière qu'il verse.*

Elle a bonne mine ! (*Levant son verre.*) A la santé de mamzelle Claudine.

LOUISE et CLAUDINE.

A sa santé !...

LAZARE.

Et à la vôtre aussi, voisine Louise... brave fille qui vous êtes dévouée si carrément à cette enfant-là et à moi, depuis la mort de Madeleine, ma pauvre femme. (*Une larme ; l'essuyant.*) A votre santé ! (*Après avoir bu.*) Ah ! ça remet... car foi de Lazare, cette distribution ça m'a fait un effet !...

LOUISE.

Oh! et à moi donc!. .

CLAUDINE.

C'est que c'était bien beau...

LAZARE.

C'était superbe... Dans le jardin, sur une estrade, madame Chaussonnet... belle femme que madame Chaussonnet...

LOUISE.

Elle représente!...

LAZARE.

Et puis, ce qui était bien plus joli, bien plus émotionnant, c'était cette nuée de gamines en blanc avec des ceintures bleues, et un tas de chevelures blondes, brunes, noires ou rousses, toutes bouclées... et au milieu de ces chérubins, le nôtre, Claudine... Oh!...

Il l'embrasse.

LOUISE.

Et quand madame Chaussonnet a lu les nominations... quand elle a appelé Claudine ..

LAZARE.

Mademoiselle Claudine Lazare, premier prix de sagesse...

CLAUDINE, tenant un livre.

Voilà!...

LAZARE.

Premier prix de bonne tenue...

CLAUDINE, montrant le livre.

Voilà!...

LAZARE.

Comme on reconnaît-là la fille d'un ancien zouave.

CLAUDINE, continuant.

Premier prix d'écriture et de lecture... (Montrant une brassée de couronnes.) Et tout ça de couronnes.

LAZARE.

Tu seras une grande savante plus tard... A ta santé. (Bruit, tumulte.) Qu'est-ce que c'est?

Voix nombreuses dans la coulisse. — Il ne marchera pas! il marchera!

Coups de fouet.

LA VOIX DE LOUCHARDIN.

Hue donc! carcan! hue donc!

LA FOULE.

Assez! assez!...

Le bruit redouble, la foule envahit le théâtre. Une lourde charrette de sable, traînée par un cheval étique, a paru au fond, par la droite. Louchardin, charretier ignoble, barbe fauve, accable le cheval de coups de fouet.

SCÈNE XII

LES MÊMES, LOUCHARDIN, GENS DU PEUPLE, puis RAVIGOT, MARGOTET, JULES et LODOISKA.

CLAUDINE, furieuse.

Le méchant! comme il bat son cheval!

LA FOULE, criant.

Assez!... assez!..

UN MARINIER.

Ce n'est pas en le cognant que tu lē feras marcher; tu l'éreintes encore plus.

LOUCHARDIN.

Il marchera tout de même. Hue donc! rosse... puisqu'on te paie.

Il frappe le cheval à coups de manche de fouet. Ravigot, Margotet, Jules et Lodoïska paraissent au seuil du cabaret. Sourisset, Princarrot, Moleskine et Pyschette paraissent dans le jardin.

CLAUDINE.

Papa Lazare, empêche ce vilain homme de battre son cheval?

LAZARE.

As pas peur, Claudine! as pas peur.

LA FOULE.

Assez!... assez!...

SOURISSET, à la grille.

Assez! assez!

Le charretier lui allonge un coup de fouet et se remet à frapper son cheval de plus belle.

LAZARE, s'élançant auprès du charretier.

Pourquoi que tu frappes ton cheval de cette façon-là, espèce de lâche?

RAVIGOT, s'approchant.

Eh bien, de quoi, si on ne peut plus cogner les bêtes, oùs-qu'est la liberté?

LAZARE, lui donnant un coup de pied au derrière.

Ça ne te regarde pas...

RAVIGOT, beuglant.

Aux armes! on assassine nos frères!...

Il se sauve

LOUCHARDIN, tirant son cheval.

Allons! hue!

Entrée d'Adrienne et de Sophie Copeau dans le jardin.

LAZARE, s'animant.

Satanée brute, tu vois bien que ta voiture est trop chargée et que ton cheval n'a pas la force de la traîner!

LOUCHARDIN.

Il la traînera tout de même.

Il lève son fouet.

LAZARE.

Tu ne le frapperas pas !

LOUCHARDIN.

Et qui donc m'en empêchera ?

LAZARE.

Moi.

LOUCHARDIN.

Eh bien, touche-moi donc un peu pour voir et nous rirons. (Lazare s'avance.) Tant pis pour toi.

Il lève son fouet sur Lazare.

LAZARE, saisit le fouet au vol et l'arrache des mains de Louchardin. Puis il lui prend le poignet et le force à plier.

Vois-tu bien, mauvais gueux, avec ce même fouet, je pourrais t'administrer la plus jolie volée du monde !... Mais je ne suis pas en train aujourd'hui... (Regardant Claudine.) J'ai mes raisons pour ça !

Il brise le fouet et le jette à ses pieds. Applaudissements dans la foule.

LOUCHARDIN, lançant un mauvais coup d'œil à Lazare.

Je te repigerai, l'homme au ruban rouge !

SOPHIE COPEAU, tenant une lettre.

Avec ça, je saurai dénicher la petite, c'est moi qui vous le dis.

LAZARE, au charretier.

Prends ton cheval par la bride, maintenant et fais-le marcher, sans le toucher du bout du doigt ! (Mauvais regard de Louchardin.) Tu me fais les gros yeux ! allons, file, et plus vite que ça.

LOUCHARDIN, rugissant.

Oh ! oui, que je te repigerai !

LAZARE.

Encore ! Écoute-moi bien : aujourd'hui, je ne te casse pas les reins parce que c'est la distribution des prix de Claudine et que je suis en toilette.. mais pas plus tard que demain, viens me trouver au chemin de fer d'Orléans, tu demanderas Claude Lazare le mécanicien.

SOPHIE COPEAU.

Claude Lazare.

LAZARE.

Et nous ferons une jolie partie tous les deux, va, je t'en réponds !

LOUCHARDIN.

C'est bon ! c'est bon ! on verra !...

Il remonte.

CLAUDINE, sautant au cou de Lazare.

Papa Lazare ! tu as joliment bien fait !

Lazare paye le cabaretier

SOPHIE COPEAU, à Adrienne.

Il a dit Claude Lazare... c'est le nom qui est au bas de cette lettre!...

ADRIENNE.

Et cet homme est un ancien soldat! vois sa croix d'honneur!...

SOPHIE COPEAU.

Si c'était lui!... Cette mioche-là serait donc votre fille!

ADRIENNE.

Ma fille!

LAZARE, à Claudine et à Louise.

Maintenant, nous allons continuer notre promenade!

ADRIENNE.

Suis cet homme, Sophie! coûte que coûte, il faut que nous sachions tout! (En ce moment on entend le son d'un piano.) Qu'est-ce qui se permet donc de pianoter chez moi?

LIZERON, dans le jardin, monté sur une chaise pour voir ce qui se passe sur la route.

Madame, c'est l'accordeur!

La charretier disparaît par la gauche. Tout le monde pousse à la roue. Le rideau baisse.

NOTE POUR LA PROVINCE.

Pour les théâtres secondaires, où il serait matériellement impossible de mettre en scène la charrette et le cheval, cette fin d'acte pourra se jouer sans coupure. L'artiste chargé du rôle de Louchardin se contentera d'adresser ses injures et de donner ses coups de fouet à la cantonnade.

ACTE TROISIÈME

Troisième Tableau

LA MARATRE

Une chambre de modeste apparence, mais très-riante d'aspect. A gauche, deuxième plan, une fenêtre laissant voir au lointain les toits couverts de neige. A droite, un coucou. Non loin de là, une commode en noyer. Porte à droite. Porte au fond donnant sur l'escalier. Chaises de paille. A gauche, une table servie. A droite, une cheminée avec un grand feu.

SCÈNE PREMIÈRE

LOUISE, CLAUDINE.

Au lever du rideau, Louise et Claudine mettent le couvert. — C'est la nuit. Une bougie placée sur la table éclaire le théâtre.

LOUISE.

Passe-moi les verres, Claudine...

CLAUDINE, lui donnant les verres.

Voilà...

LOUISE.

Tu n'as pas sommeil, bichette?

CLAUDINE.

Pas du tout, du tout.

LOUISE.

C'est qu'il se fait tard... et je crois que le petit bonhomme jette du sable dans tes yeux...

CLAUDINE.

Le petit bonhomme! .. il ne jette rien du tout d'abord!...

Elle va à la fenêtre.

LOUISE, mettant la table, à elle-même.

Cette vieille femme m'inquiète malgré moi. Que voulait-elle? (Claudine a ouvert la fenêtre et se penche au dehors. Louise l'aperçoit et la retire.) Petite mauvaise... veux-tu bien ne pas te pencher ainsi!

CLAUDINE.

C'est pour voir si papa vient!... C'est vrai! il ne vient jamais, ce méchant-là!... Quand est-ce qu'il va être ici?...

LOUISE.

Dame, le train d'Orléans arrive à Paris à neuf heures cinquante... Le temps de venir ici, ça fait dix heures et demie à peu près.

CLAUDINE.

Et quand est-ce qu'il sera dix heures et demie?

LOUISE.

Quand le coucou chantera une fois.

Le coucou chante une fois.

CLAUDINE, battant des mains.

Cocotte a chanté! Quel bonheur!... (On entend des pas dans l'escalier; avec un cri.) C'est papa!... Oh! je vais joliment le gronder!

Elle va s'asseoir à droite. —On frappe à la porte du fond.

LOUISE, remontant.

Est-ce vous, monsieur Lazare?

LA VOIX DE LAZARE, gaillarde et enjouée.

Comment, si c'est moi! je l'espère bien, à moins qu'on ne m'ait changé en route!

Louise a ouvert. Lazare paraît. Il est en costume de travail, bourgeron noir, ceinture rouge, large pantalon, casquette. Il a un grand caban qu'il ôte en entrant.

SCÈNE II

LES MÊMES, CLAUDE LAZARE.

LOUISE.

Bonsoir, monsieur Lazare.

LAZARE.

Bonsoir, voisine!... (Il descend en scène. S'avançant vers Claudine restée sur la chaise. — Avec une comique déférence.) Mademoiselle, comment va votre petite santé, s'il vous plaît? peut-on vous bécoter une miette?

CLAUDINE, avec une petite moue.

Non, je ne t'aime plus! Tu es allé voir des autres petites filles!...

LAZARE, riant.

Bon!... bien!... voyez-vous cette mioche, qui me fait des scènes de jalousie!... (Prenant un ton suppliant.) Voyons, voyons, ma bichette, ne me gronde pas... Du chemin de fer ici, la course est bonne, eh! dame, j'ai pas ma locomotive avec moi!.. ma Claudine... car enfin, c'est comme ça que je l'ai baptisée!

CLAUDINE, se levant vivement.

Tu me la feras voir, dis!

LAZARE, s'asseyant et prenant Claudine sur ses genoux.

Ah! c'est une belle fille! Quand elle entre en gare, lâchant la vapeur par ses soupapes, enveloppée d'un nuage de fumée, sa cuirasse de cuivre étincelant au soleil, rugissant comme une jeune lionne, elle fait un rude effet, va! Chacun l'admire et chacun dit : « C'est la Claudine! La Claudine à Lazare! » Il n'y en a pas une pour mener bon train comme elle... S'il y avait des courses de vapeur, elle serait bien sûre d'arriver première! (Se levant.) Maintenant, je casserais bien une croûte... j'ai l'estomac dans les talons...

LOUISE.

Tout est prêt!

CLAUDINE.

Regarde la belle table!...

LAZARE, rayonnant.

C'est superbe!... bigre!... plus que ça de genre!... du mouton aux haricots, et une salade de pommes de terre... C'est la voisine qui a préparé tout ça?...

CLAUDINE.

Moi aussi!...

LAZARE.

Toi aussi, sans doute... ah!... tenez! Louise, je vous admire... on ne peut pas se dévouer à des gens comme vous vous dévouez à nous!... (Ils s'attablent.) Sans vous, je ne sais vraiment pas comment je ferais...

LOUISE.

Ne parlons donc pas de ça...

LAZARE.

Si fait, parlons-en... Quand j'eus quitté le service, on confia un jour à ma femme cette petite chérubine-là... en lui disant : « L'enfant n'a pas encore de nom, choisissez-en un vous-même... — Madame, que répondit ma femme, ma petite qui vient de mourir, s'appelait Claudine, à cause de son père qui s'appelle Claude... Voulez-vous que votre fille se nomme comme ça? — Claudine soit, que la dame répliqua. Si bien que leur Claudine à eux, est devenue quasiment notre Claudine à nous!.. Ma pauvre femme est tombée malade et elle est morte... Et dame, si vous n'étiez pas là, voisine, je ne pourrais pas élever la petite... un homme, ca ne s'entend pas à ces histoires là!...

LOUISE.

Ne me remerciez pas ,et soupez!

On se place à table. Louise à gauche, Lazare à droite. Claudine prend sa serviette, Lazare la lui attache autour du cou et la petite s'attable tournant le dos au public.

LAZARE.

Mais pour nous, vous vous condamnez à une existence pas bien gaie.

LOUISE.

Je suis seule, toute seule... je ne veux pas me marier, et les amoureux ça m'ennuie... Je n'aimerai jamais que vous et votre fille... et je resterai avec vous tant que vous voudrez !

LAZARE.

Toute la vie alors !...

LOUISE.

Toute la vie !

LAZARE.

Bravo ! (Bruit sur le palier, on entend ouvrir une porte.) V'là notre voisin qui rentre...

LOUISE.

Monsieur Jacques Bernard ?

LAZARE.

Pauvre garçon. En v'là un qui n'a pas l'air de s'amuser plus qu'il ne faut ! (Se levant.) Parbleu, faut qu'il vienne trinquer avec nous, ça le distraira !

CLAUDINE.

Oui ! oui ! c'est ça !...

Lazare court ouvrir la porte du fond.

LAZARE, appelant.

Eh ! monsieur Bernard, vous rentrez comme ça, chez vous, sans venir nous dire bonsoir...

BERNARD, sur le carré.

Pardonnez-moi, monsieur Lazare... mais j'avais peur de vous déranger...

LAZARE.

Voulez-vous venir tout de suite, Claudine vous réclame, d'abord.

CLAUDINE, criant.

Oui !... oui !... oui !...

LAZARE.

Donnez-vous donc la peine d'entrer...

Jacques Bernard, parait.

SCÈNE III

Les Mêmes, BERNARD.

CLAUDINE, courant à lui.

Bonjour, monsieur Bernard...

BERNARD, souriant.

Bonsoir, Claudine... (Il embrasse l'enfant. A Louise.) Bonsoir, voisine !...

Il serre la main à Lazare.

LAZARE, l'examinant.

Ah çà! mais... ah çà! mais... mon voisin... je ne sais pas si c'est une idée que je me fais... mais vous avez ce soir un petit air fringant et guilleret qui ne vous est pas habituel.

BERNARD.

Vous ne vous trompez pas, mon cher monsieur Lazare, je suis heureux ce soir... oh! je suis bien heureux!

LAZARE.

Bah!

BERNARD.

Je vous conterai cela?...

LAZARE.

Bon!... parfait... Dites donc, vous allez souper avec nous... hein... Le cœur vous en dit-il?

BERNARD.

Ma foi, je veux bien... j'arrive à pied d'Asnières et ça m'a creusé un peu...

LAZARE.

Comme ça se trouve! Vite! vite! un couvert!

LOUISE.

C'est déjà fait...

BERNARD.

Quel empressement...

Il s'attable.

LAZARE.

Entre Claudine et Louise... Vous n'avez pas à vous plaindre... hein?...

BERNARD, très-gai.

Certes, non!

LAZARE.

Aimez-vous le mouton aux haricots?

BERNARD.

Beaucoup...

LAZARE.

Confectionné par Louise... c'est une vrai crême! (Il sert. — Ils mangent. A Claudine.) Comment, t'as déjà fini ton rata? (Servant des pommes de terre à Claudine.) Tiens, petite ogresse, mange-moi ça, tu m'en diras des nouvelles.

LOUISE.

Oh! c'est trop vinaigré pour elle.

LAZARE.

Bah! bah!... la fille d'un ancien zouzou.

LOUISE.

Et si ça lui fait mal ?

LAZARE.

Bigre ! c'est une autre paire de manches.

Il enlève les pommes de terre à la petite fille.

CLAUDINE, *criant sur l'air des lampions.*

Moi, j'en veux!... moi, j'en veux!... moi, j'en veux !...

LAZARE.

Qu'est-ce à dire? des cris anarchiques... une révolution!... Pourquoi pas des barricades tout de suite? .. Corbleu ! mademoiselle, je vais aller quérir la force publique!

CLAUDINE, *se levant avec crânerie.*

La force publique ! c'est moi ! ah ! mais !...

LAZARE, *émerveillé.*

Ah ! oui, va, tu es la vraie force publique... et moi, tout dur à cuire que je suis, je baisse pavillon devant toi ! (*Changeant de ton.*) C'est égal, on s'aime crânement ici... il y a bien des maisons riches où on ne pourrait pas en dire autant. Pas vrai ?

LOUISE.

Bien sûr, monsieur Lazare... Vous êtes heureux comme si vous aviez des rentes !

LAZARE, *riant aux éclats.*

Bien plus heureux! j'ai pas la peine d'aller les toucher au trésor.

Bernard les regarde en souriant.

LOUISE.

Eh bien! vous ne mangez plus, monsieur Bernard...

BERNARD.

Je contemple votre gaieté à tous et elle me fait du bien à l'âme...

LAZARE.

Alors, vous n'êtes pas fâché de nous connaître?...

BERNARD.

C'est-à-dire que c'est une bonne fortune pour moi d'avoir loué une chambre dans cette maison... et de vous y avoir rencontrés.

LAZARE, *s'animant.*

Eh bien ! encore un verre, alors...

BERNARD.

Volontiers!

On trinque. Claudine s'assoupit.

LOUISE, *se levant et allant à la petite.*

est temps de se coucher, Claudine...

CLAUDINE, *se frottant les yeux.*

Oh! déjà...

LOUISE.

Et d'abord, il faut faire ta prière...

LAZARE, bas à Claudine.

Et la bien faire, bichette...

CLAUDINE.

Je la fais toujours bien...

LAZARE, prenant Claudine et l'agenouillant sur ses genoux.

Monsieur Bernard, je vous préviens, vous allez voir quelque chose de très-gentil...

Silence

CLAUDINE, qui a joint les mains, priant.

Papa bon Dieu ! maman Sainte-Vierge, rends toujours heureux papa Lazare... bonne amie Louise... (Jetant un regard à Bernard) et monsieur Bernard...

BERNARD, ému.

Chère petite !

CLAUDINE, continuant.

Bonne nuit, papa bon Dieu, bonne nuit, maman Sainte-Vierge. (Lazare, Bernard et Louise l'ont écouté attentifs et recueillis. En terminant, Claudine regarde Lazare.) Ah ! tu pleures! est-ce que j'ai dit quelque chose de méchant...

LAZARE, l'embrassant avec effusion.

Je t'aime !...

Louise prend Claudine par la main et va vers la droite.

CLAUDINE.

Bonsoir, monsieur Bernard...

Elle embrasse Bernard, puis son père.

LAZARE, montrant en riant Louise à Bernard.

Mère de famille sans avoir jamais eu d'enfants !...

LOUISE, riant.

Ça vaux bien mieux, comme ça...

LAZARE.

Brave fille...

CLAUDINE, à Louise.

Dis donc, tu vas me conter le *Chat botté*...

LOUISE.

Oui...

CLAUDINE.

Bonne nuit, papa... bonne nuit .. monsieur Bernard !

Louise entre avec elle dans la chambre.

SCÈNE IV

LAZARE, BERNARD.

LAZARE, au milieu du théâtre, les yeux fixés sur la chambre de Claudine.

Bonne nuit, chérubin... et n'oublie pas que c'est après-demain le jour de l'an ! Je ne te dis que ça... (Revenant à la table.) Quéque vous pensez de ma Claudine, hein ?

Il se rasseoit.

BERNARD, souriant.

Tout ce que vous en pensez-vous même !

Lazare lui serre la main.

LAZARE mettant des pipes et du tabac sur la table.

Vous ne fumez pas la pipe ?

BERNARD.

Si fait...

Il prend une pipe que lui présente Lazare — Ils allument leurs pipes. Lazare met sur la table un carafon de cognac et il verse.

LAZARE, regardant la fenêtre, par laquelle la lune envoie un rayon.

Belle nuit, sacrebleu !... froide... mais belle !.. Les toits reluisent comme s'il étaient d'argent.

Ils fument tous deux. Un silence.

BERNARD, fumant.

Cette fumée ne va pas faire mal à la petite ?...

LAZARE.

Elle y est habituée !... (Lui tapant gaiement sur l'épaule.) Maintenant peut-on savoir ce qui s'est passé depuis hier...

BERNARD.

Bien des choses, mon cher Lazare...

LAZARE.

Des choses... bonnes?

BERNARD, radieux.

Excellentes !

LAZARE.

Dites-moi bien vite tout ça.

Il lui verse un verre de cognac.

BERNARD, après avoir bu.

Vous savez mon histoire, mon cher Lazare... l'amour terrible que j'ai au cœur...

LAZARE.

Oui! oui! Et je sais aussi la jolie petite vie que vous menez depuis un an!... Des scènes... des reproches... des menaces même!... Tonnerre! l'amour grincheux, ça ne m'irait guère... Parlez-moi de l'amour qui rit et qui chante!

BERNARD.

Eh! mon ami, pouvait-elle avoir le cœur à chanter et à rire, la pauvre enfant!... Songez donc : c'est si effroyable pour une femme jeune et belle, habituée au luxe, au plaisir, d'être forcée d'y regarder à deux fois pour s'acheter des gants ou des bottines!...

[illegible]

Le fait est que... c'est pas drôle... Mais c'est vous-même qui...

BERNARD.

J'étais injuste pour elle... j'aurais dû, sans rien dire, accepter ses reproches... Mais, que voulez-vous, moi aussi cette gêne perpétuelle m'affolait... j'étais aigri... irrité...

LAZARE.

Ça se comprend, parbleu, ça se comprend... On dit un mot... un autre et, de fil en aiguille, on en arrive à se chamailler pour tout de bon!... J'ai été marié, moi, je connais ça!... Dieu merci, à ce que je vois, les hostilités ont cessé.

BERNARD.

Depuis hier, mon cher Lazare, elle est méconnaissable... Ce n'est plus la même femme!... bonne, douce, indulgente, elle me redonne force et courage... Plus un seul mot cruel... plus d'amertume, de colère... Croiriez-vous que ce soir, elle voulait me demander pardon, comme si elle était coupable!... Elle m'aime enfin, Lazare... Elle m'aime et voilà pourquoi j'ai la joie au cœur et la gaieté au front.

LAZARE se lève et dessert la table tout en parlant.

Eh bien! parole sacrée, ça me fait plaisir ce que vous me dites-là.... Depuis trois mois à peine, vous habitez ici... et il n'y en a pas seulement deux que je vous connais! mais je m'intéresse à vous comme si nous étions à *tu* et à *toi* depuis vingt ans!... Vous m'allez, quoi, vous m'allez... et votre chagrin me faisait de la peine... Je n'ai donc pas besoin de vous dire combien votre bonheur me rend heureux! (Trinquant.) A votre santé, voisin...

BERNARD.

A la vôtre (Se levant.), et à demain!...

LAZARE.

A demain! Vous allez passer une bonne nuit, pas vrai?

BERNARD.

Ah! je vous en réponds!... Bonsoir... bonsoir!

Bernard sort. Louise paraît sur le seuil de la chambre à coucher.

SCÈNE V

LAZARE, LOUISE.

Lazare, après avoir reconduit Bernard et fermé la porte, redescend en chantant.

LOUISE, entrant sur la pointe des pieds.

Chut!

LAZARE.

Ah! oui, c'est vrai... chut! (Bas.) Elle dort?

LOUISE, même jeu.

Oui!

LAZARE.

Et le *Chat botté*?

LOUISE.

Il est fini...

LAZARE.

Il a mangé l'ogre ?...

LOUISE.

Complètement...

LAZARE.

C'est bien fait... Ah ! voisine que vous êtes bonne... que vous êtes...

LOUISE, le suppliant.

Vous allez la réveiller...

LAZARE.

C'est juste!... Allons, faut faire votre somme d'honnête fille... Bonsoir, voisine...

LOUISE, à elle-même.

Oh ! cette vieille femme ! .. Je devrais peut-être avertir monsieur Lazare !

LAZARE, bâillant et prenant la lumière.

Oh ! ma foi, je n'en peux plus... (Examinant Louise.) Je vais me coucher aussi, mais qu'est-ce que vous avez donc ? je vous trouve un drôle d'air ! Est-ce que Claudine est malade ?

LOUISE.

Non ! non ! (Remontant.) Allons ! dormez bien !...

LAZARE, se dirigeant vers la chambre à coucher.

Vous aussi ! bonne nuit. (Louise près de sortir s'est arrêtée. L'examinant.) Décidément ! il y a quelque chose...

Il pose sa lumière sur la cheminée.

LOUISE, redescendant.

Eh bien, oui ! j'ai peut-être tort de m'inquiéter, vous le verrez vous-même... mais cette idée-là vient de me revenir. et ma foi, j'aime mieux vous dire la chose.

LAZARE.

Qu'est-ce que c'est donc ?

LOUISE.

Il y a trois mois, le lendemain d'Asnières, comme je rentrais de porter mon ouvrage avec Claudine, je me suis rencontrée avec une espèce de vieille, laide et déplaisante, qui sortait de chez la concierge et qui, en passant devant Claudine, s'est mise à la regarder d'une drôle de façon.

LAZARE.

Il y a trois mois ?

LOUISE.

Oui !... mais ce matin encore, elle était en bas ?

LAZARE.

Ce matin?

LOUISE.

Quand elle a été partie, la portière, m'ame Guillaume... m'a dit qu'elle avait demandé, chaque fois, un tas de choses sur vous, sur Claudine, disant comme ça qu'elle n'était pas votre fille.

LAZARE.

C'est une commère du quartier...

LOUISE, avec hésitation.

Et si elle était envoyée par les parents de Claudine?...

LAZARE, avec un mouvement.

Les parents de Claudine... (Se remettant.) Sa mère se moque pas mal d'elle, je lui ai écrit dans le temps qu'elle était malade... Elle ne m'a seulement pas répondu... Et puis, est-ce qu'elle sait où je demeure maintenant? Il n'y a rien d'inquiétant dans tout ça...

LOUISE.

Vous me tranquillisez...

LAZARE.

Allez reposer, ma petite Louise!

LOUISE.

Bonne nuit, et à demain. .

LAZARE, la reconduisant.

A demain!...

Louise va ouvrir la porte; roulement lointain d'une voiture, Louise, effrayée, regarde Lazare qui se met à rire.

LAZARE, gaiement.

Décidément, vous êtes drôle comme tout, voisine... Dirait-on pas que c'est la première fois qu'une voiture passe dans la rue Saint-Jacques au milieu de la nuit. (La voiture se rapproche, Louise prête l'oreille et se prend à trembler. Lazare après un temps la rassurant.) Qu'est-ce que ça nous fait, après tout, cette voiture? Ce n'est pas une raison parce que nous aimons Claudine, pour forcer les gens à aller à pied?

LOUISE.

Écoutez! (Lazare prête l'oreille à son tour. La voiture s'arrête devant la maison.) La voiture s'est arrêtée à la porte. J'ai peur!... (On entend frapper un coup à la porte cochère. Moment de silence. Ecoutant au fond.) On parle en bas de l'escalier... On dirait qu'on discute avec la portière... On monte!...

LAZARE.

J'y suis, parbleu! depuis le quinze avril, nous avons un médecin dans la maison... au troisième... vous ne vous rappelez donc pas: c'est pour le médecin! Pauvres gens, c'est peut-être leur petite fille qui est malade!... (On frappe à la porte de la chambre, un coup, deux coups. Lazare et Louise se regardent et n'osent pas ouvrir. Troisième coup plus violent que les autres. Mouvement de Lazare. Balbutiant). On vient peut-être me chercher pour quelque service extraordinaire... (Prenant tout à coup son parti.) Allons!... à la fin des fins, faut savoir ce que ça veut dire!

Il ouvre brusquement la porte.

SCÈNE VI

LES MÊMES, ADRIENNE, SOPHIE COPEAU.

Sophie Copeau paraît d'abord. Elle fait signe à Adrienne d'entrer. Lazare demeure immobile à sa place.

LOUISE, à la vue de madame Copeau.

Mon Dieu! C'est cette femme de tantôt!

ADRIENNE, entrant.

C'est bien vous Claude Lazare?...

LAZARE.

Oui! madame, c'est moi.

ADRIENNE.

Il y a cinq ans, à votre femme, Madeleine Lazare, à Paris, un enfant a été confié.

SOPHIE COPEAU.

Un enfant du sexe féminin...

ADRIENNE.

Vous êtes partis pour Troyes avec l'enfant, vous y avez demeuré quelque temps, puis, près de quitter la Champagne, vous avez écrit une lettre à la mère de la petite.

SOPHIE, tirant une lettre de son cabas.

La voilà!...

ADRIENNE, qui a pris la lettre, la mettant sous les yeux de Lazare.

Reconnaissez-vous votre écriture?

LAZARE.

Oui...

ADRIENNE.

Cette lettre était adressée à Adrienne Bérillot, mère de l'enfant... à moi...

LAZARE, la fixant avec terreur.

A vous!

ADRIENNE.

Vous vous rappelez?

LAZARE, après avoir hésité.

Oui!.. oui!... je me rappelle...

Il rend la lettre.

ADRIENNE.

Vous me ferez savoir ce qui vous est dû pour les soins que vous avez donnés à ma fille jusqu'à ce jour :

LAZARE, qui ne comprend pas.

Ce qui m'est dû!... comment ce qui m'est dû?...

ADRIENNE, haussant les épaules avec impatience.

Décidément, vous faites exprès de ne pas me comprendre. Voyons, assez de comédie! et rendez-moi ma fille.

LAZARE, s'avançant vers l'inconnue.

Claudine! c'est Claudine que vous venez chercher?

ADRIENNE.

Sans doute. Qu'avez-vous donc?

LAZARE, avec un éclat terrible.

Ce que j'ai?... Dites donc, Louise, elle vient me prendre Claudine, et elle demande ce que j'ai!

ADRIENNE, d'un ton impérieux.

Encore une fois, je veux ma fille!

Claudine, attirée par le bruit, paraît sur le seuil de la chambre, elle est en chemise, bras nus, ses grands cheveux dénoués.

CLAUDINE, effrayée.

Papa! papa!

SCÈNE VII

LES MÊMES, CLAUDINE.

LAZARE, lui montrant Adrienne.

Ma chérie, tu vois bien cette dame-là? . Ah... c'est joliment drôle, va!.. Elle dit comme ça qu'elle est ta maman!... Et que moi je ne te suis rien du tout! . Et elle veut t'emmener!

CLAUDINE, avec épouvante.

Je ne veux pas! Cache-moi!

Elle enfouit sa tête dans les bras de Lazare.

ADRIENNE.

Ah! c'est comme ça! (A Sophie.) Prends cette petite et partons

SOPHIE COPEAU.

A l'instant....

Elle s'avance.

LAZARE, prenant Claudine dans ses bras et regardant Sophie avec menace.

Prends donc ma fille, pour voir!...

SOPHIE, se penchant vers Adrienne.

Parlez-lui devoir et loyauté, il cédera.

Un grand temps.

ADRIENNE, après un temps.

J'avais cru jusqu'ici que lorsqu'on avait un ruban comme celui-là à sa boutonnière on devait être un honnête homme, et je ne pensais pas trouver dans Claude Lazare, le soldat, un dépositaire infidèle.

SOPHIE COPEAU.

Nous ne le pensions pas...

LAZARE, laissant retomber la petite à terre.

Oui... c'est vrai! je suis dans mon tort... et la loi est pour vous... Si vous le voulez, vous pouvez me la prendre et je n'aurai rien à dire... mais, madame! ayez pitié!... laissez-moi ma petite Claudine! Depuis cinq ans, c'est mon bien... mon trésor... c'est toute ma vie!... Si vous saviez comme elle m'aime et comme je l'adore! Le dimanche, on la bichonne bien et nous allons nous promener avec Louise... Pas vrai, Louise?

LOUISE, émue.

Mais oui!... monsieur Lazare!

LAZARE.

Ah!... quand les passants disent: « Le beau petit ange! » vous ne savez pas, madame, l'immense joie qui m'étouffe... On me donnerait un million, je ne serais pas plus heureux que ça!... (Après un temps.) Pour le jour de l'an, Louise lui préparait une petite robe grise, en mérinos, avec des velours bleus!... Depuis le commencement de la semaine, elle se réjouit de la mettre. Il y a une poche, à cette robe-là! Vous comprenez, une poche, c'est une fameuse affaire ça!... Elle va se croire une grande demoiselle!... la pauvre mignonne! (Élevant ses mains suppliantes vers Adrienne.) Madame!... madame!... ne me l'emmenez pas... laissez-lui mettre sa petite robe grise!

Il tombe à genoux.

CLAUDINE, s'agenouillant aussi devant Adrienne, les mains jointes et d'une voix tremblante.

Oui, bonne dame, laissez-moi à papa Lazare, et je vous aimerai bien!

LOUISE, implorant aussi Adrienne.

Madame!...

ADRIENNE, durement.

Toute supplication est inutile! donnez-moi mon enfant!... je le veux!

LAZARE se relève lentement en proie à une effroyable surexcitation, le visage contracté. Enfin il semble se contenir. D'une voix sourde.

Ne prions plus! (Avec un éclat fiévreux.) Après tout, Claudine n'est pas ma fille!

LOUISE.

Qu'allez-vous donc faire?

LAZARE.

La rendre à sa mère!...

LOUISE.

Rendre Claudine!... Ah çà, vous êtes fou!...

LAZARE.

Non, je ne suis pas fou, Claudine ne m'appartient pas, c'est la fille de madame!

SOPHIE COPEAU, qui est descendue près de la table.

Très-bien! très-bien!...

ADRIENNE, à Louise.

Allons!... dépêchez-vous de l'habiller, que nous partions!

Claudine se met à pleurer.

LAZARE, qui perd la tête.

L'habiller!... c'est vrai, au fait, elle est à moitié nue, cette chérie!... Allons!... ma mignonne adorée, mets-toi là, sur cette chaise, que l'on t'habille!

Il pose l'enfant tout debout sur la chaise du premier plan.

CLAUDINE, pleurant à chaudes larmes.

Je veux rester ici, moi!... je veux rester!...

LAZARE.

Chut!... chut!... la dame ne veut pas que tu restes... et cette dame-là, il faut lui obéir, vois-tu, car c'est ta maman!

Louise, qui est entrée dans la chambre de droite, revient avec les vêtements de Claudine qu'elle donne à Lazare; tous deux l'habillent.

CLAUDINE, pleurant.

Ah! papa Lazare, tu ne veux donc plus de Claudine pour petite fille?...

LAZARE, la suppliant

Mon enfant, tais-toi!... Ne m'appelle plus papa!... (La chaussant.) Mets tes petits souliers!...

CLAUDINE.

Mais, je ne veux pas m'en aller!... j'ai peur!..

LOUISE, s'essuyant les yeux.

Pauvre petite!...

LAZARE, à Claudine.

Ne pleure plus!... la dame te donnera de bons gâteaux!... des beaux joujoux!.. Elle te donnera une belle poupée en porcelaine, tu sais, avec son trousseau... (Tout en parlant, Lazare a machinalement habillé la petite fille. Il court ensuite à la commode, en sort des vêtements enfantins et les éparpille sur le carreau.) Vois-tu, tout ça, c'est vilain, ma Claudine... c'est des loques... il faut les jeter. (Prenant une petite robe.) Et tiens... tiens... cette robe-là, il faut la jeter aussi, elle est laide.

Il la jette dans un coin.

CLAUDINE, avec un cri.

Ah! ma belle robe!... celle qui avait une poche!

LAZARE.

Ah! tu en auras bien d'autres, tu en auras de toutes couleurs!... des jaunes, des vertes.. des roses... des bleues... en satin, en soie, en or, en argent!... n'est-ce pas, madame, qu'il y a de tout ça chez vous?... Vois-tu, la dame dit oui! (Avec une gaieté farouche.) Hein! Claudine, comme tu seras heureuse!

Il couvre l'enfant de baisers.

ADRIENNE, à Sophie Copeau.

Finissons-en... Sophie!

Sophie Copeau s'avance

CLAUDINE, avec frayeur.

Ah! elle veut me prendre!...

LAZARE.

Ne pleure plus! j'irai te voir, entends-tu. J'irai te voir souvent, dans ta belle maison... nous nous promènerons ensemble dans ta belle voiture... Nous achèterons un tas de choses... serons-nous heureux, hein? serons-nous heureux!... Sois donc gaie comme moi, Claudine, sois donc gaie comme moi! va! va!

Il pousse fébrilement l'enfant dans les bras de Sophie Copeau qui l'entraine.

CLAUDINE, avec des cris déchirants.

Papa! papa! papa!

ADRIENNE.

Allons!

Elle disparait avec Sophie et l'enfant.

LAZARE, courant vers le fond.

Claudine! Claudine!

Les cris de l'enfant cessent. Lazare tombe à terre comme une masse.

SCÈNE VIII

LAZARE, LOUISE, puis BERNARD.

Louise quitte la porte. Elle aperçoit Claude Lazare sans mouvement.

LOUISE, courant à lui.

Ah! monsieur Lazare!... (S'agenouillant auprès de lui.) Qu'est-ce que vous avez donc?... Voyons!... voyons... faut revenir à vous... Oh! mais il m'effraye... (Allant sur le carré et appelant avec force.) monsieur Bernard!... monsieur Bernard!

BERNARD, accourant.

Qu'y a-t-il donc!... (Apercevant Lazare.) Grand Dieu! que s'est-il passé?

LOUISE.

On lui enlève sa Claudine!

BERNARD.

On la lui enlève... et qui donc?

LOUISE.

Sa mère, pardine... cette mauvaise femme que rien n'a pu toucher! cette Adrienne Bérillot, enfin!

BERNARD, se relevant stupéfait.

Adrienne!... Adrienne Bérillot la mère de Claudine!... elle ne m'avait jamais parlé de cette enfant!... Pourquoi se cache-t-elle donc de moi pour reprendre sa fille?...

LAZARE, se relevant.

Quoi, cette femme que vous aimez... cette femme qui vous a fait tant souffrir.

BERNARD.

C'est Adrienne Bérillot, c'est la mère de ta fille!

LAZARE.

O mon Dieu!... mon Dieu, que va-t-elle faire de ma Claudine!

BERNARD.

Il y a dans tout ceci quelque horrible mystère!... Oh! mais je saurai tout, Lazare... Oui, cette nuit même, je vous jure que je saurai tout!

LAZARE, avec un cri d'espoir.

Et vous me rendrez mon enfant!

BERNARD, lui serrant les mains.

Peut-être!

Il s'élance au dehors. Louise et Lazare suppliants le suivent des yeux. La toile tombe.

Quatrième Tableau

LE JOUR DE L'AN

A droite, premier plan, en pan coupé, une grande maison d'allure un peu sévère; porte cochère, balcon praticable; à gauche, une boutique de marchand de vins. — Dans le fond, disséminées à travers les arbres, quelques baraques du jour de l'an, jouets d'enfants, confiseries, bijoux en imitation, petits meubles, etc. — Tout à fait au lointain, l'Observatoire, un banc au milieu du théâtre.

SCÈNE PREMIÈRE

MARCHANDS, ACHETEURS, GAMINS, puis PSYCHETTE et MOLESKINE.

Au lever du rideau, brouhaha, va et vient; les marchands crient, les acheteurs circulent; tableau pittoresque et animé.

LES MARCHANDS, criant ensemble et sur tous les tons.

Bons fusils à capsules... Marrons glacés, à un franc la livre!... L'amusement des enfants... la tranquillité des parents... A treize... à treize!... tout est à treize... la vente... la vente!... voyez la vente!...

Moleskine et Pyschette paraissent par le fond, toilettes d'hiver très-luxueuses.

PSYCHETTE.

Quelle bête d'époque que l'hiver!...

MOLESKINE.

Et quel bête de jour que le premier de l'an!

PSYCHETTE.

On devrait commencer l'année au 2 janvier.

MOLESKINE.

Sous prétexte que ces messieurs ont des familles, ils nous laissent toutes en plan.

PSYCHETTE.

Des familles! Est-ce que nous en avons, nous!

MOLESKINE.

Ils ont tous vu la pièce du Gymnase...

PSYCHETTE.

Oui! *Je dîne chez ma mère...* Ah! ils nous la font bien! Pas une visite, pas une!

MOLESKINE.

Moi, j'ai reçu celle de mon portier!... Et il m'a embrassée! Ça m'a coûté dix francs... Voilà mes étrennes.

PSYCHETTE.

Quant à moi, on ne m'a pas seulement donné une dragée... c'est indécent!

Bézuchon a paru par la droite, suivi de Lizeron portant une manne remplie de sacs de bonbons, de boîtes, etc. Lizeron a le nez rouge et semble transi de froid.

SCÈNE II

LES MÊMES, BÉZUCHON.

BÉZUCHON.

Des dragées!... demandez, mesdemoiselles, faites-vous servir... Voici le bonhomme Étrennes des filles d'Ève!

LES DEUX FEMMES.

Monsieur Bézuchon!

BÉZUCHON.

Mesdemoiselles permettez-moi, je vous prie, de vous la souhaiter bonne et heureuse!...

Ils les embrasse et leur donne des bonbons.

PSYCHETTE.

Des marrons glacés...

MOLESKINE.

Du chocolat!

PSYCHETTE.

Bézuchon, mon petit Bézuchon, vous êtes gentil comme tout. Tous les autres hommes!..

MOLESKINE.

De vrais pleutres, voilà!

LIZERON.

Ah! mais... ah! mais... faudrait voir!...

BÉZUCHON.

Bon! Bien! Bravo! Tapez sur le sexe fort!... Tapez! La bête est dure!... je vous aiderai, moi! Des pleutres! Moleskine l'a dit et Moleskine a raison!... Ils ont peur de dépenser quatre sous... et ils sont dans leurs petits souliers à l'approche de ce malheureux jour de l'an! Ils crient après les étrennes!... ils disent que c'est mauvais genre... que c'est passé de mode...

Et tout cela pour économiser leurs écus et justifier leur ladrerie!... Ah! comme ils me ressemblent peu, tous ces gaillards-là! Le jour de l'an me met en liesse, au contraire, et le mois de janvier représente pour moi trente et un jours de bonheur!...

MOLESKINE.

Ah! Dieu! si tous les hommes étaient comme vous!...

BÉZUCHON.

Si tous les hommes étaient comme moi, ma chère amie, il n'y aurait pas assez de femmes sur terre et pas assez de bonbons chez les confiseurs. Que voulez-vous, je connnais tant de croqueuses de pralines... c'est cher comme tout, ces bêtises-là... Mais peut-on trop payer cette moisson d'embrassades, de baisers, de sourires, de serrements de mains!... Ah! la belle journée et la gentille fête!... Plaignons les fous qui ne la comprennent pas... Quant à moi, si le jour de l'an n'existait pas, je l'inventerais!...

LIZERON, à part.

On voit bien que ce n'est pas lui qui porte les paniers!...

BÉZUCHON.

Sur ce, belles dames, permettez-moi de continuer ma distribution et de bénir l'heureux hasard qui m'a permis de mettre mes dragées sous vos dents blanches et de cueillir un baiser sur vos joues roses!... Allons, Lizeron....

Il se dirige vers la droite suivi de Lizeron.

PSYCHETTE, le retenant.

Dites donc, mon petit Horace, puisque vous êtes si content que ça de nous avoir rencontrées, passez la journée avec nous.

MOLESKINE.

Nous allons festiner à la *Belle Polonaise*... et après, nous irons faire un tour au théâtre Montparnasse!

PSYCHETTE.

Histoire de nous rappeler notre jeunesse...

BÉZUCHON.

Le programme est charmant et me séduit beaucoup, mais...

MOLESKINE.

Bon, *je dîne chez ma mère*!... connu!...

BÉZUCHON.

Non, je dîne chez une amie...

MOLESKINE, souriant.

Compris...

BÉZUCHON.

Non, Psychette, vous ne comprenez pas du tout!

MOLESKINE.

Ah!... et elle demeure donc par ici... votre amie?...

5

BÉZUCHON, montrant la maison de droite.

Depuis trois jours seulement, elle est à Paris... et voici sa maison ..

PSYCHETTE.

Et, sans indiscrétion, comment s'appelle-t-elle ?

BÉZUCHON, souriant.

Sans indiscrétion, elle s'appelle Angèle de Mériane...

MOLESKINE.

Ah ! bon ! chez Adrienne, on a parlé d'elle plus d'une fois.

BÉZUCHON.

Et l'on devait en dire beaucoup de bien, j'en suis persuadé !

PSYCHETTE.

Adrienne l'avait en exécration !

BÉZUCHON.

Naturellement !... Elle doit hériter d'elle ! cette chère Adrienne ! Il est fâcheux que depuis huit jours, elle ait, étoile filante, disparu du ciel parisien... Sans quoi, elle eût reçu ce matin... une petite circulaire qui lui eût fait le plus grand plaisir.

LES DEUX FEMMES.

Une circulaire !

BÉZUCHON, riant.

A tous les héritiers mâles et femelles de mademoiselle Angèle de Mériane, un avis a été adressé qui les engage ce jourd'hui même à faire visite à la chère enfant, leur laissant à entendre que vu l'état de sa santé, demain il sera peut-être trop tard... (Riant.) Comprenez-vous leur joie en recevant ce billet... et leur désappointement lorsqu'ils vont apprendre qu'elle se porte à ravir !...

MOLESKINE.

Elle n'est donc pas malade ?

BÉZUCHON.

Jamais de la vie !... La circulaire est une idée à moi, une gaminerie qui me rajeunit de vingt ans. Pour mes étrennes, j'ai voulu m'offrir le spectacle gratis : *Les héritiers qui n'héritent pas !...* Grande comédie de mœurs en un nombre indéfini de tableaux.

Les jeunes femmes se mettent à rire. Monsieur Bonami entre par le fond, à droite, il porte une douillette ouatée, un manchon et des chaussons fourrés.

SCÈNE III

LES MÊMES, MONSIEUR BONAMI, puis COLOMBE.

HORACE, aux deux femmes.

Et tenez ! tenez ! En voilà déjà un ! son nez béat, que la bise a rougi, flaire de loin l'héritage... (M. Bonami frappe à la porte cochère.) Et, chaudement emmitouflées dans leur manchon de martre, ses deux mains... orthodoxes... se congratulent réciproquement !...

La porte s'ouvre, Colombe paraît.

COLOMBE.

Tiens ! Monsieur Bonami !

BONAMI.

Pardon !... Le concierge n'est pas là ?

COLOMBE.

Non, monsieur, il fait ses visites, c'est moi qui le remplace.

BONAMI.

Ah ! fort bien !... Mais dites-moi... mon enfant... mademoiselle de Mériane... (Hésitant.) a-t-elle déjà vu son notaire ?

COLOMBE.

Non, monsieur, pas encore... c'est pour ce soir...

BONAMI.

Pour ce soir...

COLOMBE.

Oui, monsieur le notaire vient dîner !...

BONAMI, sursautant.

Dîner !

COLOMBE.

Oui ! Oh ! nous avons beaucoup de monde... mais entrez vite... il fait un froid...

BONAMI.

Enfin !

Il entre. La porte se referme. Horace et les deux femmes éclatent de rire.

HORACE.

Et d'un !... je vais prendre ma stalle pour voir la fin de la comédie !. . Au revoir, chères petites, au revoir !...

Il frappe, la porte s'ouvre. Colombe paraît.

COLOMBE, joyeuse.

Monsieur Horace !... Ah ! c'est mamzelle qui va être contente ! (Horace entre. Elle aperçoit Lizeron, avec joie.) Lizeron !...

LIZERON.

Laisse-moi me dégeler, Colombe, nous causerons après !

Il entre, la porte se referme.

MOLESKINE.

Allons, puisqu'il n'y a pas moyen de faire autrement, allons dîner sans cavalier... Ah ! les hommes s'en vont !... les hommes s'en vont !

Elles sortent. On a vu Charançon paraître par la droite et s'arrêter devant une petite boutique de confiserie.

SCÈNE IV

MARCHANDS, ACHETEURS, CHARANÇON, puis COLOMBE.

CHARANÇON, à la marchande.

Combien ?

LA MARCHANDE.

Trente sous, monsieur...

CHARANÇON.

Trente sous, ça !...

LA MARCHANDE.

Pas un sou de moins, monsieur... j'y perdrais !

CHARANÇON.

Allons ! (Il achète une boîte et va frapper à la porte cochère. Puis au public montrant ses bonbons.) Vous comprenez que ce n'est pas la peine de dépenser douze ou quinze francs pour des bonbons qu'elle ne mangera pas !... Comme ça, au moins, pour trente sous, j'en vois la farce !

La porte s'ouvre. Colombe paraît.

COLOMBE.

Tiens ! Monsieur Charançon !

CHARANÇON, prenant un air contrit.

Eh bien ! peut-on la voir ?

COLOMBE.

Mam'zelle de Mériane ?... oui, oui !... montez, elle est au salon !

CHARANÇON, stupéfié.

Qu'est-ce qu'elle fait là ?

COLOMBE.

Eh bien ! elle reçoit !...

CHARANÇON.

Et quoi donc qu'elle reçoit ?

COLOMBE.

Ses amis, pardine !

CHARANÇON, ahuri.

Ah !... Et moi qui arrive d'Étampes pour...

COLOMBE.

Entrez vite !

CHARANÇON, à lui-même.

Et moi qui arrive...

Il entre. La porte se referme.

BÉZUCHON, paraissant au balcon en riant aux éclats.

Et de deux !

SCÈNE V

LE GRAND JULES, LODOISKA, puis MONSIEUR et MADAME LANTERNOIS et COLOMBE.

Le grand Jules porte une pelisse fourrée et un bonnet d'Astrakan, il a une lorgnette passée en sautoir. Lodoïska porte également un manteau en fourrure. Elle a un voile.

JULES.

Eh bien, Doïska, es-tu contente, ma fille?

LODOÏSKA.

Enchantée... et tu ne dois pas être fâché, non plus.

JULES.

Dame, c'est le jour de l'an... pourquoi donc que nous ne nous serions pas payé des étrennes après tout.

LODOÏSKA.

Payé est bon! (Riant.) Ah! le fourreur sera content quand il s'apercevra que ses pelisses et son bonnet se sont donné de l'air!

JULES, riant aussi.

Eh bien, et l'opticien, il doit rudement rire... (Montrant sa lorgnette.) Très-chouette... sa lorgnette... très-chouette.

Ils se promènent en causant, monsieur et madame Lanternois sont entrés par la gauche.

LANTERNOIS.

Ophélie, ma bonne, je t'en supplie... prends garde au verglas... Je te jure que nous allons tomber...

MADAME LANTERNOIS.

Eh! monsieur, qu'importe!... il faut arriver!... je suis sûre que toute la bande est déjà là-haut?... Vous avez les bonbons?

Ils frappent.

LANTERNOIS, gaiement.

Oui!... mais sur l'un des sacs de Siraudin, cinq lettres en diamant se sont détachées!... Le *sirau* est parti... il ne reste plus que le *din*.

Il rit.

MADAME LANTERNOIS, comprimant une forte envie de rire.

Edgard, si l'on vous voyait!

LANTERNOIS.

De ce temps-ci, les fenêtres sont closes!

COLOMBE, paraissant.

Ah! monsieur et madame Lanternois!... Enfin!... vous êtes en retard...

TOUS DEUX.

Comment ?

MADAME LANTERNOIS.

Est-ce qu'il n'y a plus d'espoir ?

COLOMBE, partant d'un grand éclat de rire.

Comment, plus d'espoir ?...

LANTERNOIS, à sa femme.

Cette gaieté !... que signifie ?...

MADAME LANTERNOIS.

Est-ce que mademoiselle de Mériane va mieux ?

COLOMBE, riant toujours.

Mieux !... mais elle se porte comme un ange.

MADAME LANTERNOIS, à part.

Un ange... pas encore...

LANTERNOIS, de même.

Hélas !

MADAME LANTERNOIS, bousculant son mari.

Entrez donc !

LANTERNOIS.

Ma bonne amie, tu me bouscules... ce n'est pourtant pas ma faute si elle est... ou plutôt si elle n'est pas...

Ils entrent, la porte se referme.

BÉZUCHON, au balcon

Et de quatre !

LODOÏSKA, reparaissant au bras de Jules.

C'est égal : t'es pas gentil, tu ne m'as pas donné de bonbons.

JULES.

Tiens, c'est vrai... pas l'ombre de sucrerie !... Où diable pourrais-je t'en trouver ?...

Ils recommencent leur promenade. — Princarrot et Sourisset entrent chacun d'un côté.

SCÈNE VI

JULES, LODOISKA, MARCHANDS, ACHETEURS, SOURISSET et PRINCARROT, puis COLOMBE.

SOURISSET, portant sous son bras une boîte de bonbons et un sucre de pomme gigantesque.

Quel temps stupide ! pas une voiture !

Il frappe.

PRINCARROT, vidant sa pipe.

Le diable soit de ce mâtin de Bouchonnet avec sa partie de billard qui n'en finissait pas!

Il se dirige vers la porte et heurte Sourisset.

SOURISSET.

Tiens! c'est vous!

PRINCARROT.

Ah! vous avez appris ?...

SOURISSET.

Oui!... du reste je m'attendais bien que d'un moment à l'autre...

PRINCARROT.

Dites donc... ce sont de bonnes étrennes tout de même...

La porte s'ouvre

COLOMBE, paraissant.

Ah! bien, vous arrivez juste à temps! mam'zelle va chanter son grand air...

SOURISSET, effaré.

Comment ?

PRINCARROT, stupéfié.

Elle n'est pas malade ?...

COLOMBE.

Puisque je vous dis qu'elle chante.

PRINCARROT.

Alors, je vas retrouver Bouchonnet!

Il sort vivement.

SOURISSET, après un temps.

Bah! j'entre tout de même... Quel jour stupide!

Il entre, la porte se referme.

BÉZUCHON, au balcon.

Et de cinq!

Pendant cette fin de scène, Jules a rôdé autour de Sourisset et lui a escamoté son grand sucre de pomme.

JULES, l'offrant à Lodoïska.

On ne pourra pas dire que je ne fais pas bien les choses.

La foule devient plus bruyante et plus compacte. Margotet et Ravigot paraissent par la gauche. Ravigot est en chanteur des rues.

SCÈNE VII

JULES, LODOISKA, LA FOULE, MARGOTET et RAVIGOT.

MARGOTET, bas à Ravigot.

Allons, Ravigot, du galoubet, mon garçon!... Attaque la ronde du jour de l'an. Pendant que tu détourneras l'attention... je détournerai autre chose!

RAVIGOT.

Demandez!... demandez!... la chanson du jour de l'an! cinq centimes! un sou!

LA FOULE.

La chanson! la chanson!

On forme cercle autour de Ravigot qui joue le refrain de la ronde sur la clarinette.

RAVIGOT.

Sur ce, je dépose mon instrument, n'ayant pas encore trouvé le moyen de chanter en m'accompagnant!

AIR nouveau d'Amédée ARTUS.

PREMIER COUPLET.

Le froid est vif, il vente, il gèle.
Qu'importe! c'est le jour de l'an!
Et malgré la bise et la grêle,
Paris semble tout rayonnant!
C'est que le le ciel avec sa neige,
Pour les mamans, pour les marmots,
Pour la fillette qu'il protége,
Fait pleuvoir bonbons et cadeaux!
Gentils blondins, trêve à vos peines.
Allez voir parrains et marraines!
Chers enfants, voici les étrennes!
Fêtez gaiement
Le jour de l'an!

REPRISE EN CHŒUR

RAVIGOT.

Demandez! demandez!... La chanson... cinq centimes!

JULES, bas à Lodoïska.

Ravigot en chanteur des rues... Il y a quelque anguille sous roche!

RAVIGOT, un bonnet de coton sur la tête. Patois paysan.

DEUXIÈME COUPLET.

La fille à Jean adorait Pierre,
Pierre adorait la fille à Jean :
Mais sous l'œil soupçonneux du père,
L'amour allait, Dieu sait comment!
Avec le jour de l'an, tout change;
Jean est garde national,
Pour le service, il se dérange...
Et, loin de cet argus brutal...
Nos amants, oubliant leurs peines,
S'offrent des baisers par centaines...
Amoureux, voilà vos étrennes...
Fêtez gaiement
Le jour de l'an!

REPRISE EN CHŒUR.

Jules et Lodoïska écoutent la chanson, Margotet rôde autour d'eux san les reconnaître.

MARGOTET, à part.

Faisons nos emplettes!

RAVIGOT, en bonnet de police, une grosse paire de moustaches sous le nez.

TROISIÈME COUPLET.

Le grand Jacque, ancien militaire,
Héros blanchi sous le harnois,
N'a pu gagner, pendant la guerre,
Qu'un grade et deux jambes de bois.
Le cœur gros, tout bas il regrette,
Le temps passé, temps de bonheur!
Lorsqu'au jour de l'an, quelle fête!
Jacques reçoit la croix d'honneur!
Brave soldat, trêve à tes peines!
Songe à tes prouesses lointaines,
La croix, voilà pour tes étrennes!
Fête gaiement
Le jour de l'an!

MARGOTET, les yeux braqués sur Jules et Lodoïska :

Ce sont de nobles étrangers... Souhaitons-leur la bonne année!

RAVIGOT, allure d'un ivrogne.

DERNIER COUPLET.

Popol est l'ami de la treille,
Voici son éternel refrain :
Le vin, c'est l'amour en bouteille,
C'est le bonheur!... c'est tout enfin!...
Pour son jour de l'an... douce chose!
Il se grise avec du vin bleu...
Alors, il voit la vie en rose...
Il rit du diable et du bon Dieu!

Voix naturelle.

Malheureux, pour finir tes peines,
Vide aujourd'hui les tonnes pleines,
L'ivresse voilà tes étrennes!
Fête en buvant,
Le jour de l'an!

REPRISE EN CHŒUR.

MARGOTET, qui vient de prendre un porte-monnaie dans la poche de Lodoïska et de s'emparer de la lorgnette de Jules.

Fêtons gaiement
Le jour de l'an!

RAVIGOT, venant le rejoindre.

Eh! bien? (Margotet lui montre les objets volés. — Mettant la lorgnette à ses yeux.) Un porte-monnaie!... (Margotet l'ouvre.) Dix-sept francs, vingt centimes.

MARGOTET, lui donnant quatre sous.

Voici les vingt centimes pour toi!

Il se perd dans la foule.

RAVIGOT, furieux.

Quatre sous!... (Criant.) Au voleur!...

Il court après Margotet, mouvement. Jules et Lodoïska se sont vivement tâtés.

JULES.

Ma lorgnette!

LODOISKA.

Mon porte-monnaie!

JULES, furibond.

Nous sommes volés!

UN HOMME DU PEUPLE.

Allez vous plaindre au commissaire! (Indiquant la gauche.) Tenez! par là! par là!

JULES, sortant vivement par la droite avec Lodoïska.

J'y vais!... j'y vais!...

La foule se disperse. On voit paraître par le fond gauche Claude Lazare, pâle, tête nue, l'air égaré. A la vue de la marchande de jouets d'enfants, il s'arrête et machinalement il achète une poupée. un ménage et un mouton. Avec les jouets dans ses bras. il s'avance lentement sur le devant de la scène; la nuit vient. La neige tombe.

SCÈNE VIII

CLAUDE LAZARE, seul, il sourit en regardant ses jouets.

Un mouton qui remue la tête... et qui bêle... une poupée en mariée et un ménage en fer battu!... va-t-elle être contente, ma Claudine... va-t-elle rire... va-t-elle bien m'embrasser... (Tristement et des larmes dans la voix.) Mais non... elle ne rira pas... mais non... elle ne t'embrassera pas... Es-tu fou, mon pauvre Lazare?... Comment, tu lui as acheté des étrennes, à cette chère mignonne... mais tu ne l'as plus... on te l'a prise...

on te l'a enlevée. (D'une voix déchirante.) Seul!... tout seul... (Regardant ses jouets et sanglotant.) Qu'est-ce que je vais faire de tout ça?...

Trois petits enfants, dont une petite fille, déguenillés grelottant, se sont approchés, ils tournent autour de Lazare et contemplent les jouets.

LAZARE, les regarde étonné.

Tiens, vous n'avez pas de joujoux?... (Avec tristesse.) Il y a des enfants au jour de l'an qui n'ont pas d'étrennes!... oh! (Donnant ses jouets.) Tiens! prends ce ménage! toi, ce mouton, et toi, fillette, cette belle poupée!... (Avec des sanglots.) Faut bien qu'il y ait quelqu'un d'heureux aujourd'hui!

Les enfants répondent par une longue exclamation de joie et se sauvent. Lazare s'assied tristement sur un banc. La neige commence à tomber. On voit arriver du fond Jacques Bernard, très-pâle, boutonné dans son habit, couvert de neige.

SCÈNE IX

CLAUDE LAZARE, BERNARD, LES MARCHANDS, QUELQUES RARES PROMENEURS.

BERNARD.

La tête me brûle! La fièvre me dévore! (Il tombe sur le banc et reconnaît Claude Lazare.) Lazare!

LAZARE.

Monsieur Bernard...

Il lève sur le jeune homme ses yeux pleins de larmes.

BERNARD.

Comme vous paraissez triste!

LAZARE.

Comme vous êtes pâle!

BERNARD.

J'ai perdu ma maîtresse!

LAZARE, sanglotant.

J'ai perdu ma fille! (Se rapprochant de Bernard.) Vous n'avez pas revu la mère de la petite?

BERNARD.

Non!... avant-hier, dans la nuit, après l'enlèvement de votre fille, je suis allé chez Adrienne, à Asnières. La maison était déserte.

LAZARE.

Comme la mienne.

BERNARD.

J'avais une clé.. je suis entré tout de même... Si vous saviez comme j'avais froid en traversant ces grandes pièces vides !... Enfin, je suis arrivé dans sa chambre. Tout était bouleversé... Les armoires étaient ouvertes... il n'y avait plus rien dedans... A terre, des rubans, des vêtements abandonnés... une lettre était sur la cheminée...

LAZARE.

Une lettre !

BERNARD.

D'Adrienne !... Et c'est à moi qu'elle était adressée... Elle me disait de ne jamais chercher à la revoir. Elle quittait la France...

LAZARE.

Avec sa fille...

BERNARD.

Avec sa fille... Elle allait en Allemagne... pour devenir l'épouse de son premier amant... Elle veut être riche! Ah! Dieu !... avec quels sanglots je suis tombé agenouillé parmi ces chiffons qui lui avaient appartenu... qui l'avaient touchée... qui étaient tout imprégnés encore de ses parfums. Que d'ardents baisers je leur ai donnés à ces reliques, seuls souvenirs d'une maîtresse adorée !

LAZARE.

Comme moi !... Ah ! les pauvres petites robes de ma mignonne... ses petits rubans... ses couronnes... ses livres... je ne peux plus embrasser que cela, maintenant ! (Après un temps.) Depuis deux jours, on me l'a prise...

BERNARD.

Depuis deux jours, elle m'a quitté...

LAZARE, se levant.

Je ne sais plus ce que je fais...

BERNARD.

Je ne sais plus ce que je suis...

LAZARE, avec un éclat de rire douloureux.

Et avec tout ça, il faut que je fasse mon service !...

BERNARD.

Moi, je ne peux rien faire... j'ai perdu ma place... j'erre comme un vagabond... je marche sans cesse... espérant que la fatigue du corps endormira la souffrance de l'âme... je suis comme fou... (En sourdine, l'air de la ronde.) Croiriez-vous que tout à l'heure je m'apprêtais à aller à Asnières pour lui porter cette petite bague-là que je viens d'acheter...

LAZARE.

Eh bien ! et moi, suis-je assez nigaud, hein !... V'là-t-il pas que je m'étais amusé à acheter des jouets pour Claudine !...

BERNARD.

Vous êtes aussi fou que moi, mon pauvre Lazare !...

LAZARE.

Non ! je suis aussi malheureux. V'là tout !

Ils se serrent la main.

VOIX AVINÉES, *chez le marchand de vin.*

Malheureux, pour finir tes peines
Vide aujourd'hui les tonnes pleines.
L'ivresse, voilà tes étrennes.
Fête en buvant
Le jour de l'an !

BERNARD.

On boit là-dedans... on rit... on chante... on est heureux !

LAZARE.

C'est vrai !

BERNARD, *s'animant.*

Parbleu ! je veux m'enivrer aussi... je veux m'abrutir... je veux oublier... (*Montrant la droite.*) Viens avec moi, Lazare... allons tuer nos âmes... et dormons à notre tour du beau sommeil des ivrognes !... Viens !...

Lazare s'élance avec Bernard vers le cabaret.

LAZARE, *s'arrêtant brusquement au moment d'entrer.*

Je ne peux pas... je suis de service cette nuit... et je réponds de la vie de cinq cents personnes !... C'est pas une raison parce qu'on m'a pris ma fille pour que je fasse des orphelins et des veuves !

BERNARD.

Eh bien ! moi, je ne suis responsable de rien ! (*S'élançant vers le cabaret et frappant à la porte.*) Du vin... du vin !

LAZARE, *avec envie.*

Il peut se griser, lui... Allons, il est encore plus heureux que moi !

Les marchands reprennent leur cri du commencement de l'acte. Le chœur reprend avec force chez le marchand de vin. La toile tombe.

ACTE QUATRIÈME

Cinquième Tableau

LA FÊTE DES ROIS

A Montrouge sur le boulevard extérieur. — Le théâtre est séparé en deux. — A gauche, occupant à peu près la moitié de la scène, l'intérieur d'un bouge. — Murailles dégradées. — Solives couvertes de toiles d'araignées. — Une lampe avec un abat-jour rouge pend au plafond. — A gauche, au fond, le comptoir. — A gauche, premier plan, porte avec des rideaux rouges. — Quatre à cinq marches indiquent que le cabaret est plus bas que le sol. — Une fenêtre au fond fait face au public. — Dans le milieu de la salle un poêle de fonte allumé. — Tables boiteuses. — Escabeaux. — Verres, bouteilles. — On distingue en haut le toit du cabaret. — Le mur (droite) du cabaret le sépare de la 2e partie. — 2e PARTIE. — Un jardin. — A droite, en pan coupé, le mur de derrière de l'habitation. — Bâtisse dégradée, noirâtre, avec deux fenêtres rondes à la hauteur du premier étage. Elles sont éclairées toutes deux. — Sous les fenêtres, un puits presque au ras du sol. — Au milieu du jardin, une statue de l'Amour. La statue n'a plus qu'une aile et son carquois est à terre. — Arbres dépouillés. — Près de la statue, deux vieilles chaises renversées. — Un peu plus haut, une table de jardin. — Le fond est fermé par un mur garni de tessons de bouteilles. — Dans ce mur, une porte ouvrant sur le boulevard et faisant face au public. — Comme dans le cabaret, quelques marches indiquent que le jardin n'est pas au niveau du sol. — Ciel neigeux. — Toute cette partie du décor, éclairée par la lune, contraste vivement avec les tons rouges du cabaret.

SCÈNE PREMIÈRE

PIPENCORNE, MARCASSOU, puis MARGOTET.

Dans le cabaret, Pipencorne, coiffé d'un vieux bonnet de police, nez bourgeonné, mouche à l'américaine, joue aux cartes, à droite, avec Marcassou. Ce dernier est vêtu en Alcide, maillot chair, caleçon, houppelande par dessus. — Silence. — Le vent souffle au dehors. — Les volets de la fenêtre du fond se heurtent bruyamment.)

PIPENCORNE, jouant.

Atout!... quel temps de chien!... carreau!... oh! mais, fait-il un vent!... recarreau!... Ah ben, il est chouette le jour des Rois... Le monarque et le domestique, cinq et deux sept, gagné, Marcassou, tu dois le litre.

MARCASSOU, se levant accent italien.

Je le dois, comme tu dis.

PIPENCORNE.

Encore.

MARCASSOU.

Je n'ai pas touché mes revenus.

PIPENCORNE.

Ses revenus!

MARCASSOU.

Mais j'ai rendez-vous cette nuit avec un gros capitaliste.

PIPENCORNE, gouaillant.

Où ça?

MARCASSOU.

Dans la plaine Montparnasse. — Addio, caro mio, addio!

Il sort.

PIPENCORNE, seul.

Oh! Dieu... on n'a qu'un client un peu propre, et...

MARGOTET, entrant en secouant ses habits.

Il pleut, il pleut, bergère... V'là le dégel.

PIPENCORNE.

Tiens! Margotet!

MARGOTET.

Je suis trempé comme un damas... et cependant j'avais ma canne... Quel joli petit endroit que Montrouge; calme, paisible... et pas éclairé du tout. (Mettant la lorgnette et le porte-monnaie sur la table.) Combien me donnes-tu de ça?

PIPENCORNE.

Un porte-monnaie? Une lorgnette? c'est pas de défaite. J'en veux pas...

MARGOTET.

Allons, voyons, fais donc pas tes mauvaises blagues, on les connaît! Combien que tu me donnes de ça?

PIPENCORNE.

Neuf cinquante! pas un sou de plus!

MARGOTET.

Grand filou! va!

Pipencorne va au comptoir, prend de la monnaie et l'étale sur la table.

PIPENCORNE.

V'là la monnaie!

MARGOTET, soupirant.

V'là les bibelots!...

Il donne les objets à Pipencorne.

SCÈNE II

LES MÊMES, LE GRAND JULES et LODOISKA.

Tous deux sont entrés sur la fin de la scène. — Ils reconnaissent les objets.

JULES, stupéfié.

Ma lorgnette!

LODOÏSKA, même jeu.

Mon porte-monnaie!

MARGOTET, les examinant.

Les particuliers à fourrures. Comment... c'était vous... elle est bonne tout de même. T'as rien senti?

JULES.

Rien de rien! Bien travaillé, Margotet!

Rire général.

LODOÏSKA, près du poêle.

Ah!... que c'est bon un bon feu, en hiver... Dites donc, c'est le 6 janvier... tout le monde tire les Rois... nous allons nous payer ça aussi!...

Elle montre une grande galette qu'elle a déposée en entrant sur le comptoir.

MARGOTET, assis à droite.

Les Rois, c'est mon affaire... je suis légitimiste, je descends des Croisés...

JULES, fumant.

Connu!... avec des draps!... Et les couverts!...

PIPENCORNE, flairant la galette.

Oh! ça sent le bon beurre fort!

LODOISKA, à Pipencorne.

Allons! dressez la table, et vive la joie...

PIPENCORNE

Minute... puisque Margotet est là, attendons Ravigot...

MARGOTET, lui serrant la main.

Pipencorne, tu comprends l'amitié, merci...

JULES.

Alors, en attendant, cassons un œuf rouge...

MARGOTET.

Orné de petit bleu...

Ils entourent le comptoir et mangent des œufs rouges à la salière.

MARGOTET, levant son verre.

Je lampe le premier verre en l'honneur du beau sexe, représenté ici par la séduisante Lodoïska.

TOUS.

Au beau sexe!...

SCÈNE III

LES MÊMES, JACQUES BERNARD.

Il est pâle comme un mort. — Il descend les marches en se cramponnant à la rampe — le vent souffle — Lodoïska se retourne.

PIPENCORNE, émerveillé.

Tiens, un consommateur!...

LODOISKA.

Est-il pâle!...

PIPENCORNE.

C'est un échappé des catacombes...

Il va à Bernard qui est en scène — très-obséquieux.

Que faut-il servir à monsieur?...

BERNARD qui est tombé assis à droite premier plan.

Du kirsch.

PIPENCORNE.

Voilà! voilà!

Il remonte.

BERNARD, d'une voix rauque.

Depuis six jours, je roule de cabaret en cabaret, implorant l'ivresse et ne la trouvant pas... Oh! Adrienne! Adrienne! qu'as-tu fait de moi?

En ce moment, venant de la droite, par derrière le mur en pan coupé, Adrienne paraît; toilette d'hiver superbe: robe de velours sombre enveloppée des pieds à la tête dans un grand manteau.

SCÈNE IV

LES MÊMES, dans le cabaret; ADRIENNE, puis CLAUDINE, dans le jardin.

ADRIENNE, avec impatience.

Sophie ne vient pas!...

Pipencorne apporte un carafon de kirsch, Bernard va se verser.

PIPENCORNE, lui retenant la main.

On paie d'avance!

BERNARD.

Alors, prends le carafon.

Il jette une pièce de monnaie, Pipencorne lui rend quelques sous et s'éloigne. Bernard se met à table; le vent souffle plus fort et agite la sonnette de la porte du jardin.

ADRIENNE.

On a sonné, je crois... (La sonnette rend une nouvelle vibration. Elle va à la porte du fond... Après un temps.) Est-ce toi, Sophie?... — (Silence. Impatientée) Est-ce toi... eh! non! c'est le vent qui agite la sonnette...

JULES, au comptoir.

Je propose un tourniquet...

MARGOTET.

Adopté... A qui paiera les œufs rouges...

JULES.

Joues-tu, Doïska ?...

LODOISKA, qui regarde Bernard, préoccupée.

Moi ! Oui ! Non !... Oui !

Elle va au comptoir ; mais bientôt prend un croûton de pain, un œuf et revient près de Bernard

ADRIENNE, se promenant.

Que fait-elle ?... que fait-elle donc ?

JULES, jouant.

Quatre-vingts !... (S'interrompant.) En deux mille liés, pas vrai.

MARGOTET, tournant.

Deux mille, soit. (Annonçant.) Cent dix !

Ils jouent. Silence. Adrienne quitte la porte et redescend.

ADRIENNE.

C'est assez gai, cette maison... Bien heureuse encore que Sophie l'ait mise à ma disposition jusqu'à ce que je puisse me mettre en route avec la petite !... Ici au moins je suis à l'abri de Bernard et j'ai pu sans encombre faire mes préparatifs de départ.

BERNARD, dans le cabaret prenant sa tête dans ses mains.

Oh !... je penserai donc toujours à elle...

ADRIENNE, regardant la statue.

Dire que cette bicoque est un temple de l'amour. Voilà l'image du Dieu... (Regardant la statue en souriant.) L'aile brisée !... (Haussant les épaules.) Oh ! l'amour !... l'amour !...

BERNARD, d'une voix sourde, assis à droite dans le cabaret.

L'amour !

ADRIENNE.

Cette imbécile de Sophie va nous faire manquer le train. (Apercevant Claudine qui vient d'entrer dans le jardin, pâle, effarée, tremblante. L'enfant est très-bien mise.) Pourquoi es-tu descendue ?... Je t'avais dit de rester là-haut...

CLAUDINE.

J'avais peur, madame.

ADRIENNE.

Madame... (A part.) C'est qu'elle serait capable de m'appeler ainsi devant Monsieur de Mauristein... Cela ferait un joli effet ! (A Claudine.) Appelle-moi ta mère... Je te l'ai déjà dit, et embrasse-moi... embrasse-moi, je le veux... (L'enfant l'embrasse.) Mieux que cela... comme si tu m'aimais...

CLAUDINE.

Mais si je fais bien tout ça, je reverrai papa Lazare ?

ADRIENNE, avec impatience.

Oui... tu le reverras.

CLAUDINE.

Oh ! alors, je vous aime bien, madame. (Elle embrasse de nouveau Adrienne).

ADRIENNE, frappant du pied.

Ma mère...

CLAUDINE, pleurant.

Ma mère...

ADRIENNE.

Oh! petite pleurnicheuse, va...

Elle la fait rentrer dans la maison et rentre avec elle.

SCÈNE V

LES MÊMES, dans le cabaret.

MARGOTET, jouant.

Deux cent cinquante.

JULES, jouant.

Deux mille.

MARGOTET.

Veinard!

JULES.

C'est Margotet qui paie les œufs rouges.

MARGOTET.

Ma revanche. Une bouteille à quinze...

JULES.

Ça va...

Ils jouent. Pipencorne verse au comptoir. Lodoïska, tout en achevant de manger son œuf rouge, est venue s'asseoir à la table de Bernard qui la regarde silencieusement.

LODOÏSKA.

T'as les yeux pleins de larmes...

BERNARD, d'une voix faible.

Oui...

LODOÏSKA.

Ne pleure pas comme ça! (Elle prend son mouchoir et essuie les yeux du jeune homme. Mouvement de Bernard. Avec naïveté.) Oh! il est propre!

Bernard lui prend la main.

BERNARD, ému, à Lodoïska.

Tu es donc bonne! toi?... Tu as donc pitié de moi?

LODOÏSKA.

Pourquoi pas?... (Silence.) Pauvre garçon! V'là qu'il pleure encore!

Elle va lui essuyer les yeux de nouveau. Bernard la repousse.

BERNARD, brusquement.

Mais au fait, qui es-tu? Que me veux-tu?

LODOÏSKA, doucement.

Ne bois plus .. (Bernard se met à rire. Il se verse des verres pleins et les vide d'un trait.) Ne bois donc plus...

BERNARD.

Laisse-moi!... Je ne veux plus penser!

JULES, à part, en continuant de jouer.

Qu'est-ce qu'elle fiche donc avec ce paroissien-là?

LODOÏSKA, à Bernard.

Tu vas te griser.

BERNARD, qui s'enivre.

Tant mieux!... (D'une voix rauque.) Vois-tu, j'avais une maîtresse que j'adorais... Eh bien! elle est partie... elle est loin, bien loin... en Allemagne. Elle va se marier là-bas!.. Se marier... et je ne la reverrai plus jamais... Car je n'ai pas d'argent... et je ne puis aller la rejoindre.

JULES, distrait, à part.

Oh! mais il va finir, ce collégien là.

Il laisse le jeu.

MARGOTET, le ramenant au comptoir.

Viens donc!

JULES.

J' te dis qu'elle le reluque!

BERNARD, avec éclat.

Ah! si j'avais de l'argent!... je ne serais pas long à partir, va, et ce mariage, je saurais bien l'empêcher... Oui! dussé-je la tuer, je l'empêcherais!... mais je ne peux pas partir!... (Se versant de nouveau et buvant avec rage.) Ah! que l'ivresse vienne donc, mon Dieu, qu'elle vienne et que j'oublie!

LODOÏSKA, très-émue.

C'est à fendre l'âme... et, si j'étais pas dans la débine, parole sacrée, je te donnerais ce qu'il te faut pour aller là-bas! (Avec inspiration.) Veux-tu ma montre? (Elle tire une petite montre d'argent; mouvement de Bernard.) C'est vrai, on ne prêterait pas gras là-dessus.

BERNARD.

Tu as du cœur, je te plains! ce n'est pas toi qui me ferais pleurer.

Il lui prend la main.

JULES, l'apercevant et avec colère.

Des attouchements à c't' heure?

MARGOTET, qui vient de jouer.

Gagné à mon tour.

JULES, qui est descendu près de Bernard et frappant du poing sur la table.

Eh! c'est la faute à ce môme-là.

LODOÏSKA.

Qu'est-ce qui te prend à toi.

JULES.

Il me prend que ça ne me va pas que tu causes avec les passants.

LODOÏSKA, avec un étonnement naïf.

Et depuis quand?

JULES.

Eh ben... cause-lui encore et tu vas voir...

LODOÏSKA.

Va donc!

Elle hausse les épaules.

JULES, furieux.

S'il te dit un mot de plus, je le mange.

LODOÏSKA, menaçante, se levant

Eh ben, touche-le donc.

BERNARD, l'écartant doucement.

Laisse, laisse, ma fille.

JULES, écumant.

Il la *tuteye!...*

Il se met en positio

LODOÏSKA, à Bernard.

Prends garde! il est fort!...

BERNARD.

Tant mieux... Oh! s'il pouvait me tuer.

MARGOTET, mettant les tables de côté.

Faisons le ménage!

BERNARD, à Jules.

Mange-moi donc!

Lutte de quelques instants; il lui donne un coup de poing dans la figure.

JULES, reculant.

Tonnerre!

PIPENCORNE.

Touché!

MARGOTET, riant.

Hardi! le petit! (Ils se battent, Margotet, pendant une seconde d'arrêt, à Jules avec bienveillance.) Voyons, tombe-le gentiment et que ça finisse...

BERNARD.

Me tomber? es-tu bête! puisque je n'ai plus rien à perdre, c'est moi qui vais gagner.

D'un coup droit dans la poitrine, il envoie Jules rouler sur le plancher et se précipite sur lui le poing levé. Lodoïska s'élance et l'arrête.

LODOÏSKA, à Bernard.

Oh! non, alors! (A Jules en souriant.) Eh bien! y es-tu.

JULES, se relevant.

Oui... j'en ai assez.

SCÈNE VI

LES MÊMES, RAVIGOT.

RAVIGOT, qui a assisté au combat du haut des marches.

Un petit air pour le vainqueur.

Il joue : La Victoire est à nous.

LODOÏSKA, à Bernard.

T'es brave!

JULES, à Bernard.

Oui... t'es pas un petit crevé, tu me vas, sans rancune et ta main!

Bernard hésite.

LODOÏSKA, bas.

Ne l'humilie pas.

Elle lui fait donner la main à Jules.

JULES.

Tu vas trinquer avec nous : des verres, Pipencorne.

LODOÏSKA.

Tu vas le rendre malade.

JULES.

Bah! bah! une tournée seulement et tu le rendras à sa mère. (Levant son verre, à Bernard.) A ta santé!...

TOUS.

A ta santé!...

BERNARD.

A la fin de mes tourments, à ma mort.

Il boit, Jules remplit les verres.

SCÈNE VII

LES MÊMES, dans le cabaret, ADRIENNE, dans le jardin.

ADRIENNE.

Neuf heures! et Sophie n'est pas encore là... Oh! je n'y tiens plus, voyons si elle arrive.

Elle sort sur le boulevard.

JULES.

Allons, le coup de l'étrier.

LODOÏSKA.

Oh! encore!

JULES.

Laisse donc!

Bernard avale son verre d'un trait, chancelle et tombe sur la table

LODOÏSKA, à Jules.

Là, tu vois.

JULES.

Pas d'estomac!

RAVIGOT.

Il a son compte, Morphée le réclame, berçons son sommeil. (Il joue l'air : Dormez donc, mes chères amours ; s'arrêtant sur un couac. Il quitte la table de Bernard et va s'asseoir sur la table de gauche :) Maintenant, mes enfants, causons : (Tout le monde s'empresse autour de lui.) J'ai trouvé une mine et je cherche des actionnaires!

MARGOTET, riant.

Nous sommes prêts à verser.

RAVIGOT.

Plus bas! ne réveillons pas le chat qui dort : (Il montre Bernard à qui Lodoïska fait un oreiller avec son châle.)

MARGOTET, bas.

Enfin, il y a un coup à faire?

RAVIGOT.

Oui! Là! Il indique le mur de droite.

JULES.

Chez la mère Copeau?

RAVIGOT.

Tu l'as dit : Je connais la propriétaire... *intimément*... et pas plus tard que ce soir, dans un moment *d'espansion*, elle m'a narré qu'elle avait chez elle une particulière qui allait partir en voyage sur le coup de dix heures avec accompagnement de billets de mille et de bijoux également contrôlés!

MARGOTET.

Des billets de mille!

LES AUTRES.

Des bijoux!

RAVIGOT.

Mon infante, la voyageuse en question et une moutarde de six à sept ans. V'là tout ce qu'il y a dans le bazar! Ça ne sera pas dur à mener, comme vous voyez!

Roulement de voiture.

MARGOTET.

Qu'est-ce que c'est que ça?

PIPENCORNE, regardant sur la route.

Un fiacre!...

LA VOIX DE SOPHIE COPEAU, sur la route.

Plus loin! plus loin!... La petite porte!... Là... ça y est!

RAVIGOT.

La voix de la revendeuse... C'est la voiture qui doit emmener l'autre au chemin de fer.

Une voiture paraît derrière le mur du fond. On voit le cocher sur son siége. — La voiture s'arrête.

SCÈNE VIII

LES MÊMES, dans le cabaret, ADRIENNE, SOPHIE, dans le jardin, UN COCHER, paraissant sur la route.

ADRIENNE, de mauvaise humeur.

Voilà deux heures que je t'attends.

Elle entre dans le jardin.

SOPHIE, au seuil de la porte. — Elle est chargée de paquets.

Tiens! vous êtes bonne, vous... Si vous croyez que c'est facile de dénicher des voitures par un temps pareil. (A part.) Et puis, il fallait bien faire mes adieux à Ravigot!

ADRIENNE, à Sophie.

Tu as fait toutes mes commissions.

SOPHIE.

Pardine! Hein, quelle idée j'ai eue de vous faire resonger à ce cher monsieur de Mauristein... vous ne lui avez pas plus tôt éccrit qne vous alliez filer le rejoindre avec sa fille, paf! Dix mille francs qui vous arrivent .. (Changeant de ton.) J'ai eu trois mille sept cents au Mont-de-Piété avec les intérêts... Vingt-deux francs de voiture... soixante-quinze de parfumerie... Une valise de vingt cinquante...

ADRIENNE.

C'est bon! c'est bon, nous réglerons ça plus tard... dépêchons-nous de fuir cette maison; allons achever nos préparatifs, j'ai hâte d'être en chemin de fer... Viens, viens.

Elle sort vivement avec Sophie.

SCÈNE IX

LES MÊMES, moins SOPHIE et ADRIENNE.

Le cocher est toujours sur son siége et souffle dans ses doigts.

LE COCHER.

Tonnerre de chien! Fait-il frisquet ce soir!

JULES.

Le cocher va nous gêner!

RAVIGOT, à mi-voix.

C'est vrai!... que le diable le patafiole !... Il va tout faire rater!...

MARGOTET, à voix basse,

Allons donc! des bêtises! Un cocher à supprimer, v'là-t-il pas une histoire! Je m'en charge.

JULES, après un temps.

Et moi aussi!...

RAVIGOT, hésitant.

Oh! moi aussi!...

MARGOTET.

Eh bien! lequel de nous trois?

PIPENCORNE.

Mes enfants, v'là le gâteau!

Il met la galette des rois sur la table de gauche.

JULES.

Tenez! une idée!... nous allons tirer les Rois, et celui qui aura la fève...

Il fait le geste de donner un coup de couteau.

TOUS.

Bravo! bravo!

MARGOTET, montrant Bernard endormi.

Taisez-vous donc, tas de braillards, vous allez le réveiller...

PIPENCORNE.

Pas de risque. Il est ivre-mort!

JULES, à Lodoïska qui est restée à la table sur laquelle Bernard est endormi.

Doïska!

LODOISKA.

Quoi?

JULES.

Écoute ici. Retourne à la maison.

LODOÏSKA.

Pourquoi donc ça?

JULES.

Nous avons à faire!...

LODOÏSKA.

Comment?

JULES.

Oh! en douceur... mais c'est égal, t'as pas besoin de rester ici...

LODOÏSKA.

Je reste tout de même!...

TOUS, se récriant.

Hein!...

LODOÏSKA.

Oui, et si ça réussit, je veux avoir ma part dans l'affaire.

JULES.

Mais...

LODOISKA, montrant Bernard.

Il lui faut de l'argent pour partir, à ce petit, je lui en donnerai, moi !

JULES.

Encore le petit.

Murmures.

LODOISKA.

Ah ! c'est comme ça... Eh ben, si vous refusez, je vends la meche et vous n'aurez rien du tout !

Elle fait mine de sortir, Ravigot l'arrête.

MARGOTET, aux autres.

Puisqu'elle le veut ! (On a placé une table presque dans le milieu de la salle et sur cette table, on a mis la galette, du vin et des verres.) Eh ! ben, coupez le gâteau, alors, mame Jules...

Il donne un couteau à Lodoïska. Elle partage le gâteau et le couvre d'une serviette. Le vent et la pluie continuent au dehors.

LODOÏSKA.

Pour qui cette part-là ?

PIPENCORNE.

Pour Ravigot.

LODOÏSKA.

Et celle-ci.

PIPENCORNE

Pour Margotet.

LODOÏSKA.

Et celle-là.

PIPENCORNE.

Pour Jules !

LODOÏSKA, prenant la dernière part.

Celle-ci, pour Didiche!

RAVIGOT, heureux.

C'est pas moi qu'a la fève !

MARGOTET, de même.

Ni moi !

JULES, de même.

Ni moi !

LODOÏSKA, montrant la fève.

C'est moi ! (Mettant la fève dans le verre de Jules.) Je te fais r[illegible] mon Jules...

JULES, après un moment d'hésitation.

Ça va !

Sans être vu de Lodoïska, Jules prend le couteau qui a servi à découper le gâteau.

LE COCHER, sur son siége.

J'y tiens plus de froid, moi !... Je vas aller me réchauffer avec un *cintième* chez le manezingue du coin !

Il descend de son siége et n'est plus visible pour le public.

TOUS.

Le roi boit!

PIPENCORNE, montrant Bernard endormi.

Chut!

TOUS, reprenant à mi-voix.

Le roi boit!

La porte du bouge s'ouvre brusquement et le cocher paraît.

RAVIGOT, à mi-voix.

C'est le cocher!

LE COCHER, à Pipencorne.

Un *cintième*, l'ancien... Et plus vite que bise... j'ai que le temps! (Pipencorne lui sert à boire. Le cocher paye et boit.) Pristi! ça fait du bien par où ça passe! Bonjour, bonsoir, la compagnie!

Il sort. - Pendant ce temps, Jules et les autres se sont parlé bas, Jules semble ému.

LODOÏSKA.

Qu'est-ce que t'as donc?

JULES.

Moi? rien! (Il l'embrasse) A tout à l'heure!

Il sort. Les autres quittent le bouge à sa suite, sur la pointe du pied et sans prononcer un seul mot.

SCÈNE X

BERNARD, endormi, LODOISKA et PIPENCORNE, dans le cabaret.

Pipencorne écarte les rideaux rouges de la porte et il regarde ce qui se passe au dehors.

LADOÏSKA, étonnée.

Qu'est-ce que ça veut dire. C'est pas naturel... Est-ce qu'il m'aurait trompée?... (Allant à la porte.) Je ne le vois plus!

Un silence.

PIPENCORNE, à part.

La farce est jouée!

Nouveau silence. Le vent souffle. Musique. Dans le jardin, on voit grimper un homme sur le mur c'est Margotet. Une fois là, s'aidant des ceps de vigne dépouillés et des treillages qui craquent sous son poids, il se laisse glisser dans le jardin.

SCÈNE XI

Les Mêmes, dans le cabaret. MARGOTET, dans le jardin; puis JULES, RAVIGOT, ADRIENNE, SOPHIE COPEAU et CLAUDINE.

Scène muette. Margotet ouvre doucement la porte du jardin et Jules entre à bas bruit. Le cocher repatait sur son siége et s'installe.

MARGOTET, regardant le mur de droite dont une seule fenêtre est éclairée.

La cassine n'a qu'un œil!...

JULES.

Dame, une maison borgne!... (La deuxième fenêtre s'obscurcit.) Elle est aveugle maintenant!

Il rit.

MARGOTET.

Chut!... on parle à l'intérieur!... (Silence.) On ferme les portes à double tour! On descend l'escalier! Elles viennent! attention,

Il se cache derrière la statue. Jules se blottit derrière le puits. Adrienne paraît avec Claudine et Sophie. Toutes trois en costume de voyage.

SOPHIE COPEAU.

Vous avez bien mis les billets de mille dans le sac de voyage?...

ADRIENNE.

Oui! avec les bijoux!

SOPHIE COPEAU.

Alors, filons!... Le train part pour Francfort à dix heures trente... Il est neuf heures trois quarts, nous avons juste le temps!

Elles se dirigent vers la porte. En ce moment Jules et Margotet surgissent devant elles. Elles reculent.

JULES.

Pas un cri et aboulez le quibus...

Claudine se sauve par la porte restée entr'ouverte.

SOPHIE COPEAU.

Au secours! au meurtre!

ADRIENNE.

A moi! à moi!

Elle se sauve par derrière la maison, dernier plan à droite. Margotet s'élance à sa poursuite.

BERNARD, dans le cabaret, reveillé par les cris.

Que se passe-t-il donc?

LODOÏSKA.

Oh! les misérables:

PIPENCORNE.

Ça va se gâter.

SOPHIE COPEAU, au cocher.

Cocher!... cocher!... Au secours!... (Le cocher impassible tire une clarinette de dessous son carrick et joue l'air des lanciers.) Ah! c'était un filou! au secours!... au secours!...

JULES.

Tu te tairas!...

Il la précipite dans le puits.

BERNARD.

On assassine quelqu'un!

ADRIENNE, rentrant poursuivie par Margotet.

Au secours! à l'aide!

BERNARD.

Cette voix!... ah! mais cette voix... je la reconnais... Adrienne! Adrienne!

Il quitte le cabaret malgré Pipencorne.

ADRIENNE.

A moi!... à moi!...

BERNARD, à la porte du jardin.

Courage! Adrienne!... courage!

Il enfonce la porte.

ADRIENNE, échappant à Margotet et à Jules, et se précipitant dans les bras de Bernard.

Bernard!... Ah! sauve-moi!... sauve-moi!...

BERNARD, la prenant dans ses bras.

Ne crains rien, va... moi vivant, ils ne t'approcheront pas!

MARGOTET, tirant un couteau.

Eh bien, meurs donc, alors!...

Il s'élance sur Bernard et le frappe.

BERNARD, tombant.

Ah!

LODOÏSKA, qui a quitté, le bouge à la suite de Bernard.

Tas de lâches! vous l'avez tué!...

Elle s'agenouille près de Bernard.

RAVIGOT, sur son siége.

On vient! c'est la police! je détale! faites comme moi! (Faisant claquer son fouet.) Hue! cocottes!

La voiture disparaît.

JULES, à Lodoïska.

Viens donc! tu vas te faire pincer!

LODOÏSKA, avec force.

Va-t-en ou je te fais prendre.

MARGOTET, à la porte.

V'là les tricornes au coin du boulevard... lâche ta femme et donnons-nous de l'air!

Il entraîne Jules.

SCÈNE XII

BERNARD, ADRIENNE, LODOISKA.

BERNARD, rouvrant les yeux.

Adrienne!... Adrienne!... ne me quitte pas!... ne me quitte pas!... je veux mourir près de toi!

Adrienne, qui venait de disparaître par la droite, rentre en ce moment.

LODOÏSKA, l'apercevant.

Ah! madame!... Au secours!... au secours!...

ADRIENNE.

Claudine n'est plus ici!... je ne puis plus partir maintenant... (Avec rage.) Je ne puis plus partir!...

BERNARD, se soulevant.

Partir!... quoi!... tu songes à partir lorsque je meurs pour toi!... Ah! je te hais à présent et je ne veux plus te voir... jamais!... jamais!... Adrienne, tu as tué mon bonheur... tu as tué ma vie... je te maudis!... je te maudis!...

Il retombe inanimé sur le sol; Lodoïska éponge le sang de sa blessure avec son mouchoir. Adrienne se dirige vers le fond; une escouade de sergents de ville paraît sur le boulevard; le rideau tombe.

ACTE CINQUIÈME

Sixième Tableau

LA VIERGE DE VALROSE

Un salon très-luxueusement meublé et très-brillamment éclairé. Riches tapis, tentures, entrées latérales. Le fond est entièrement ouvert et laisse voir une terrasse derrière laquelle s'aperçoit le parc illuminé.

SCÈNE PREMIÈRE

LAZARE, LIZERON, LOUISE, CLAUDINE, DOMESTIQUES.

Au lever du rideau, on entend au dehors la musique du bal. Tableau animé. Des domestiques chargés de plateaux de rafraîchissements vont et viennent. Lizeron, en grande livrée, savoure une glace. A gauche, sur un canapé, est assise Louise coquettement mise. Auprès d'elle est Claudine en charmante toilette. Claude Lazare est appuyé sur le dossier du canapé, il porte le costume d'un garde forestier; habit bleu, culotte large, guêtres de cuir.

LIZERON, aux laquais.

Faites circuler, mes enfants, faites circuler! (Avalant sa glace.) moi aussi, je fais circuler...

LOUISE, à Claudine.

Allons, Claudine! il se fait tard, il faut venir te coucher.

CLAUDINE.

Ah! bien non.

LAZARE, redescendant à l'avant-scène.

Fillette, à Valrose comme à Paris, au château comme dans la mansarde, il faut être obéissante.

CLAUDINE, à Louise.

Alors, bonne amie, si tu veux que je me couche, il faut me conter un joli conte, comme dans le temps... mais pas le *Chat botté*, par exemple!... autre chose!... invente, bonne amie!...

LAZARE, riant.

C'est ça, inventez... Louise...

LOUISE, cherchant.

Je ne sais pas... Ah! si...

LIZERON, s'étendant sur un fauteuil à droite.

Écoutons!

LOUISE.

Il était une fois... (Claudine s'agenouille sur le canapé.) une jolie petite fille... Une nuit, une méchante fée entra par la cheminée, prit la petite fille et s'envola avec elle dans le ciel noir.

CLAUDINE.

Après?

LOUISE, après avoir cherché un instant.

Bientôt la méchante fée s'arrêta sur le toit d'une maison, qui avait deux grands yeux rouges. Et là, pendant longtemps, la méchante fée tint l'enfant prisonnière!...

CLAUDINE.

Pauvre petite!...

LOUISE.

Elle était bien malheureuse, quand, une nuit, elle parvint à s'enfuir... Il faisait froid... et la petite fille courait bien vite, car elle avait grand'peur... quand tout à coup...

CLAUDINE.

Tout à coup!

LOUISE.

Elle aperçut une belle demeure : à l'intérieur, on chantait... La voix qui chantait était bien douce. La petite fugitive était en extase!... « C'est un ange qui habite-là! » dit-elle, et elle se mit à genoux et pria; quand sa prière fut finie, elle s'endormit au seuil de la maison.

CLAUDINE.

Tiens! comme moi.

LOUISE.

Quand elle se réveilla, elle était dans un appartement magnifique... Et auprès d'elle, il y avait une dame... belle... bien belle... qui lui souriait tendrement.

CLAUDINE.

Après? après?

LOUISE.

« Je n'ai plus de papa » dit la petite. La bonne fée fit un signe. Aussitôt voleta par la chambre un beau ramier... elle murmura quelques mots... et le ramier s'élança dans le ciel.

CLAUDINE.

Où allait-il comme çà?

LOUISE.

Frapper aux carreaux d'une mansarde.

CLAUDINE, vivement.

De la rue Saint-Jacques!

LOUISE.

Oui. Celui qui ouvrit était tout en larmes... C'était le papa de la petite fille... « Ne pleure plus, dit le ramier, et viens avec moi...» Et il le mena chez la bonne fée... qui, elle aussi, était bien heureuse, car la nuit même on lui avait ramené son frère.

CLAUDINE.

Qui était blessé!

LOUISE.

Oui, mais on le transporta bien vite dans un séjour délicieux... il guérit presque aussitôt de sa blessure. Le papa de la petite fut employé dans le palais de la bonne fée... La petite fille eut les toilettes les plus merveilleuses, et depuis ce temps ce fut pour elle une joie continuelle et un songe charmant! et.. et mon conte est fini... As-tu compris, Claudine?...

CLAUDINE.

Il y a longtemps, va!... Le papa qui pleurait, c'est papa Lazare; le blessé, c'est M. Bernard... la petite fille, c'est moi!... et la bonne fée, c'est maman Angèle... voilà!

Elle embrasse Louise.

LAZARE.

Oh! oui, une bonne fée! non-seulement elle m'a rendu ma Claudine, mais elle m'a donné une place chez elle... car j'avais dû quitter la mienne; je n'avais plus la tête à moi! je lui dois le bonheur!... Elle peut disposer de ma vie!... Allons, Louise, menez-moi cette enfant-là dans sa jolie petite chambre... moi, je vais faire ma ronde dans le parc, comme chaque soir...

CLAUDINE.

Bonsoir, papa!

Elle sort avec Louise par la droite.

LAZARE.

Bonsoir!

Il s'éloigne par le fond. Lizeron reste seul.

SCÈNE II

LIZERON, puis MARGOTET et RAVIGOT

LIZERON, toujours étendu dans son fauteuil.

Décidément, je suis enchanté que Monsieur Bézuchon m'ait ramené à Valrose... Seulement, les bals ça me fait coucher trop tard... (Bâillant) je suis brisé...

Musique. Il s'endort. On voit paraître sur la terrasse Margotet et Ravigot. Ils ont des costumes moins fantastiques qu'aux actes précédents. Gants blancs,

MARGOTET.

Puisque le château de Mériane est ouvert à tout le monde, pourquoi ne serions-nous pas entrés?

RAVIGOT, qui a l'air harassé.

Je me le demande.

MARGOTET.

Puisqu'on se livre céans à toutes sortes d'ébats chorégraphiques, pourquoi n'aurait-on pas besoin de nos petits talents musicaux!

RAVIGOT.

Je continue à me le demander?...

MARGOTET.

Ça ne suffit pas. (Montrant Lizeron.) Interrogeons cet esclave. (Tous deux s'approchent de Lizeron et le saluent profondément. Lizeron continue à dormir. Le reconnaissant.) Tiens, c'est le petit groom d'Asnières... Il a joliment bien fait de ne pas rester là-bas... quelle fichue maison!... Pas de bijoux... pas d'argenterie!

RAVIGOT.

Nous n'avons pu cueillir qu'un simple bracelet, et il était en toc...

MARGOTET.

Ah! nous n'avons pas de veine depuis quelque temps! Espérons que l'Orléanais nous sera plus profitable!... pour commencer, tâchons de nous installer céans; réveille ce faquin.

Ravigot frappe doucement sur l'épaule de Lizeron qui se retourne de l'autre côté.

RAVIGOT.

Il dort comme une marmotte.

MARGOTET.

La musique l'a endormi...

RAVIGOT.

La musique le réveillera...

Il tire sa clarinette, l'approche de l'oreille de Lizeron et souffle dans son instrument.

LIZERON, se réveillant en sursaut.

A la garde! (Les deux voleurs, à ce cri, ont une peur atroce et sont prêts à se sauver; mais ils se remettent vivement et reviennent auprès de Lizeron qu'ils saluent très-profondément. Lizeron saluant:) Messieurs... ils sont très-polis...

MARGOTET, le chapeau à la main.

C'est moi qui suis l'accordeur!...

LIZERON.

Attendez donc, je vous reconnais...

MARGOTET.

J'ai eu l'avantage d'opérer à Asnières dans une maison...

LIZERON.

Que j'ai lâchée spontanément... C'était une baraque.

MARGOTET.

C'est ce que je disais à Ravigot, il n'y a qu'un instant...

LIZERON.

Ah! vous disiez cela à...

RAVIGOT, saluant.

Ravigot, ex-clarinette à l'ex-théâtre des Funam...

MARGOTET, finissant le mot.

...Bules!

LIZERON.

Il est très comme il faut, ce monsieur Ravigot... Et qu'est-ce qu'il y a pour votre service?...

MARGOTET.

Voici la chose! Pour nous autres musiciens... Paris n'est plus possible, et nous nous sommes décidés, mon ami et moi, à exploiter la province... En conséquence, nous nous sommes jetés dans l'express...

RAVIGOT, à lui-même.

Ah! que je suis fatigué!

MARGOTET.

Nous avons résolu de commencer notre tournée artistique par l'Orléanais.

LIZERON.

C'est bien aimable de votre part... Voulez-vous prendre quelque chose?

MARGOTET.

Plus tard!... En descendant de notre wagon...

RAVIGOT.

De première classe!

MARGOTET.

De première classe, nous avons appris que le château de Mériane était en fête... Et, ma foi, nous sommes venus *illico.*

RAVIGOT, avec importance.

Illico magno.

MARGOTET, avec un sourire d'approbation.

Oh! Ravigot... Mettre nos petits talents de société au service de la dame du lieu...

LIZERON.

Il est un peu tard pour accorder le piano... Voilà déjà trois heures que le bal est commencé!...

MARGOTET.

Oh! je ne me contente pas d'accorder les clavecins, j'en pince au besoin...

RAVIGOT.

Et moi, je pince...

Il montre son instrument.

MARGOTET.

Du reste, nous pinçons un peu de tout.

LIZERON.

Je parlerai de vous à monsieur Bézuchon, mon nouveau bourgeois.

MARGOTET.

Ah! monsieur Bézuchon.

LIZERON.

Vous connaissez?...

MARGOTET.

Pas du tout...

LIZERON.

C'est lui qui est, comme qui dirait l'intendant des menus-plaisirs de mademoiselle de Mériane... C'est lui qui a fait restaurer cet antique manoir qui tombait en ruines... à la grande colère de messieurs les héritiers.

MARGOTET.

Ah! il y a des...

LIZERON.

Oui... oui... ils sont même ici ce soir... Monsieur Bézuchon les a fait venir... Encore une farce!... vous jugez s'ils doivent rager... car notre petite fête coûte bon... Bal... illuminations... feu d'artifice... (Pendant ces derniers mots, la musique a cessé.) Tenez, en ce moment-ci, on soupe... et quel souper!... Ah! dame, mademoiselle de Mériane, ce n'est pas l'argent qui lui manque...

MARGOTET.

Ah! ce n'est pas...

LIZERON.

Mais, je vous ennuie là à vous raconter un tas de choses qui ne vous intéressent pas.

MARGOTET, vivement.

Pardon... pardon... cela nous intéresse énormément, au contraire... vous dites donc que mademoiselle de Mériane est très-riche?...

LIZERON.

Madame Crésus, tout bêtement... (Montrant l'une des fenêtres du château.) Tenez, vous voyez cette grande fenêtre.

Ils remontent.

MARGOTET.

Avec un balcon!

LIZERON.

Oui!... Eh bien, c'est la chambre à coucher de mam'zelle. (Redescendant avec Ravigot et Margotet, qui le tiennent chacun par une main.) Dans cette chambre-là, il y a une armoire, et dans l'armoire, il y a des tiroirs...

MARGOTET.

Eh bien?...

LIZERON.

Eh bien, mes enfants, je ne vous en souhaiterais qu'un. Le plus petit...

RAVIGOT.

Pourquoi le plus petit?

LIZERON, riant.

Ah! ah! ah! oui, au fait...

MARGOTET.

Et elle n'a pas peur des voleurs?

LIZERON.

Des voleurs?... dans notre pays, jamais de la vie!

MARGOTET.

Hein!... Ravigot! quelle différence avec Paris...

LIZERON.

Je vais aller demander à monsieur Bézuchon s'il consent à vous employer.

MARGOTET, avec force salutations.

Allez, jeune homme, allez... obtenez une réponse favorable et nous ne serons pas ingrats!...

Lizeron sort.

SCÈNE III

MARGOTET, RAVIGOT.

MARGOTET, radieux.

Dans mes bras, Ravigot... C'est notre bonne étoile qui nous a conduits ici... Nous dirons deux mots aux tiroirs de la petite dame!...

RAVIGOT.

Oh! si ce beau rêve se réalise, quelle vie de polichinelle nous allons mener!

MARGOTET.

De la société!... Éclipsons-nous en douceur et allons rejoindre notre petit groom.

Ils sortent vivement par la gauche, premier plan. On voit entrer monsieur et madame Lanternois, par le troisième plan, à gauche.

SCÈNE IV

MADAME LANTERNOIS, LANTERNOIS, puis CHARANÇON, BONAMI et PRINCARROT.

Madame Lanternois, toilette de bal très-prétentieuse, entre vivement. Elle semble très-agitée. Lanternois la suit.

LANTERNOIS.

Voyons, madame Lanternois, où courez-vous ainsi?

MADAME LANTERNOIS.

Laissez-moi tranquille.

LANTERNOIS.

Enfin, pourquoi avoir quitté si brusquement la table?

MADAME LANTERNOIS.

J'étouffais, monsieur...

LANTERNOIS.

Il ne fallait pas tant manger.

MADAME LANTERNOIS.

Mais j'étouffais d'indignation, monsieur, de colère... à la vue de ces prodigalités de vins et de bonne chère... Cette petite Angèle qui, jusqu'à présent, avait vécu si simplement, et qui aujourd'hui s'ingère de donner des repas de Gargantua... des fêtes!... Elle donne des fêtes!... avec notre argent... Car enfin, puisque nous devons être ses héritiers...

LANTERNOIS.

J'ai même ouï parler, pour ce soir, d'un feu d'artifice...

MADAME LANTERNOIS.

Et tout cela, sous prétexte de se réjouir de la guérison de ce monsieur Bernard, un mari en herbe, sans doute...

LANTERNOIS.

Un mari... mais nous sommes perdus, alors! adieu l'héritage!

MADAME LANTERNOIS, soupirant.

Ah! j'ai pourtant bien cru, un moment... quand je pense qu'il y a trois jours... Ah! je crois qu'il ne lui faudrait pas deux attaques de ce genre!

LANTERNOIS, en confidence.

Avec les maladies de cœur, les moindres émotions peuvent être mortelles!

CHARANÇON, entrant par la gauche avec Bonami.

Je vous répète qu'elle ne m'a invité que pour se gausser de

moi, car elle sait bien que tous ces embarras-là, c'est pas dans mes goûts à moi, simple homme des champs... Elle sait bien que je ne suis pas à mon aise ici...

Il s'étale dans un fauteuil, à gauche; il a la cravate défaite et le gilet débraillé.

BONAMI, narquois.

On ne le croirait pas!

MADAME LANTERNOIS.

Toujours est-il que du train dont on y va, la fortune de cette petite sotte d'Angèle sera bientôt réduite à rien!

PRINCARROT, qui est entré à la suite de Charançon.

En définitive! si mademoiselle de Mériane veut manger son saint-frusquin, nous ne pouvons pourtant pas l'en empêcher!

MADAME LANTERNOIS.

Et pourquoi donc ça?

BONAMI.

Le fait est que s'il était prouvé.. (Je ne dis pas que cela soit.) mais enfin, s'il était prouvé que cette chère enfant ne jouit pas de toute sa raison...

LANTERNOIS.

Et ce ne serait certes pas difficile!...

CHARANÇON, se levant.

Mais alors, permettez, si mademoiselle de Mériane est folle, il me semble que nous, ses héritiers, nous devons, dès à présent, prendre nos mesures pour...

LANTERNOIS.

On ne pourrait rien faire sans la constatation d'un médecin... Mais... (Après un temps.) j'en connais un, moi... un charmant garçon... qui m'a quelques obligations...

BONAMI, d'un ton béat.

Il n'en coûte rien de le voir...

CHARANÇON, vivement.

Alors, il faut le voir le plus tôt possible...

MADAME LANTERNOIS, avec abattement.

Ah! vous aurez beau faire, je commence à être bien découragée!

Elle se laisse tomber sur le canapé.

PRINCARROT, riant.

Sacrebleu, cousine, cette petite Angèle, on ne peut pas la tuer!

SCÈNE V

LES MÊMES, SOURISSET.

SOURISSET, paraissant à la porte de gauche. Il est un peu gris.

Pourquoi pas? pourquoi pas?...

LANTERNOIS.

Eh! vous êtes gris!

SOURISSET.

Eh bien! qu'est-ce que ça fait ça?... ça n'empêche pas que j'ai trouvé un moyen... J'épouse Angèle!

TOUS, haussant les épaules.

Ah!...

SOURISSET.

Je l'épouse!... je la fais boire à toutes les coupes du plaisir... Et au bout d'un an de cette vie... fiévreuse...

PRINCARROT.

Mademoiselle de Mériane a engraissé.

SOURISSET, répétant machinalement.

Elle a engraissé...

PRINCARROT.

Et on vous enterre...

SOURISSET, même jeu.

Et on m'enterre... (Se récriant tout d'un coup.) Hein!...

Entrée d'Horace et d'Angèle par la terrasse du fond.

SCÈNE VI

LES MÊMES, HORACE, ANGÈLE.

Angèle a une toilette d'un luxe inouï, elle est étincelante de diamants, elle donne le bras à Bézuchon, lequel est très-élégant.

BÉZUCHON, à lui-même.

Les corbeaux! Parbleu, je vais leur tirer quelques plumes ils crieront et cela m'amusera! (Haut à madame Lanternois.) Eh bien, chère madame Lanternois, que dites-vous de notre petit souper?

MADAME LANTERNOIS.

Petit souper!

BÉZUCHON, railleur.

Réussi, pas vrai?...

MADAME LANTERNOIS, furieuse.

On aurait pu le réussir mieux encore.

BÉZUCHON.

Bah !

LANTERNOIS, de même.

Du temps des Romains, on servait des bœufs entiers sur des plats d'or !

BÉZUCHON, riant.

C'est une idée cela ; vous entendez, Angèle, la prochaine fois nous souperons à la mode antique... Monsieur Lanternois aura son bœuf !...

BONAMI, gouaillant.

Et des murènes, pendant que vous y serez...

BÉZUCHON.

Des murènes, parfait !...

BONAMI.

Que vous engraisserez avec...

BÉZUCHON, bas à Angèle.

Avec la chair de vos héritiers !

BONAMI.

Vous dites ?...

BÉZUCHON, souriant.

Je dis, monsieur Bonami, que la fête de ce soir n'est qu'un essai... Elle revient à peine à une vingtaine de mille francs.

MADAME LANTERNOIS, avec une colère contenue.

Vingt mille francs ?

BÉZUCHON.

Nous vous promettons que la prochaine coûtera le double !...

SOURISSET, vexé.

Ah ! tant mieux !

CHARANÇON, du même ton que les autres.

Tâchez donc qu'il y ait plusieurs feux d'artifices !...

BÉZUCHON.

Nous en aurons quatre ! Nous ajouterons à cela des courses de taureaux...

LANTERNOIS.

Des danses de bayadères !

BÉZUCHON.

Et des combats d'animaux féroces ! Vous y serez tous, n'est-ce pas ? (Mouvement de fureur de tous les héritiers. La musique du ba éclate au dehors. Bézuchon reprend très-gracieux.) Mais le bal vous réclame... Ce serait un meurtre de le priver de votre présence.

MADAME LANTERNOIS, à part.

Ah! ce Bézuchon, me prend sur les nerfs.

Ils s'éloignent tous.

BÉZUCHON, les reconduisant.

S'ils vous vient encore quelques bonnes idées... je vous en prie, dites-les moi.

SCÈNE VII

ANGÈLE, BÉZUCHON.

BÉZUCHON, riant.

Ils me détestent.. Si jamais je tombe sous leurs griffes, gare à moi!... (Angèle sans parler est allée s'asseoir à gauche. Bézuchon revient auprès d'elle gaiement.) La belle soirée. Le printemps sourit dans tout ce qui nous entoure. Il fait bon vivre!... Comprend-on qu'il y ait des gens qui ne se trouvent pas heureux?...

ANGÈLE, soupirant.

Il y en a cependant!

BÉZUCHON.

Bernard, n'est-ce pas?

ANGÈLE.

Oui... nos soins ont pu guérir la blessure qu'il a reçue pour cette femme. Mais, avec son sang répandu, se sont enfuies toutes ses illusions, toutes ses croyances! Tout paraît éteint en son âme. Plus rien qui parle, plus un sentiment qui vibre!...

BÉZUCHON.

Cela se passera, la blessure de son corps est fermée, celle de son cœur le sera bientôt!

ANGÈLE, hochant la tête.

Non! tout l'ennuie et le fatigue... mes soins, mon amitié... le lassent aussi, son âme semble morte!

BÉZUCHON.

Elle ressuscitera... Il a la maladie du siècle : La désespérance... Cette maladie-là n'est pas dangereuse, ma chère Angèle, et d'un moment à l'autre, Bernard n'y songera même pas!... qui sait? il n'y songe peut-être déjà plus!... (La musique du bal retentit plus sonore. Prenant Angèle par la main et la menant au fond, à gauche,) Et tenez, tenez, regardez. Voyez dans le bal ce jeune homme qui va, vient, le sourire aux lèvres et la joie dans les regards... Tenez, il s'élance dans le quadrille!... quelle fougue!... quelle ardeur!...

ANGÈLE, avec un cri de joie.

C'est Bernard!

BÉZUCHON.

Eh oui, c'est Bernard!... (Riant.) Où est-il, répondez, son découragement? que sont-elles devenues, ses désillusions?...

ANGÈLE, radieuse.

Oh! nuit bienheureuse!... il est sauvé!

SCÈNE VIII

Les Mêmes, LAZARE.

LAZARE, accourant par le fond très-agité.

Madame!... madame!...

BÉZUCHON.

Qu'y a-t-il?... parle!...

LAZARE.

Tout à l'heure, au moment de faire ma ronde de nuit dans le parc, comme d'habitude, je vais pour prendre mes pistolets, ils avaient disparu!...

BÉZUCHON.

Eh bien?

LAZARE.

Avant le bal, j'avais vu rôder quelqu'un autour de mon pavillon... une pensée terrible me vient à l'esprit... je cours à la chambre de M. Bernard... La porte était fermée... j'entre par la fenêtre... mes pistolets étaient sur sa table!

ANGÈLE.

Grand Dieu!

LAZARE.

Et auprès, une lettre commencée... Je lis... et tout mon sang se glace dans mes veines... Lisez, mam'zelle... et vous frémirez comme moi!

Angèle arrache des mains de Lazare le papier qu'il lui tend, y jette un regard, pousse un cri et tombe brisée sur le canapé.

BÉZUCHON, courant à elle.

Qu'y a-t-il donc?

ANGÈLE, avec douleur.

J'avais raison, Horace... Bernard ne guérira pas de l'affreuse maladie qui l'étreint... sa joie de tout à l'heure, sa gaieté, sa folie... mensonge!... mensonge!.. La vie est dans ses regards, sur ses lèvres; la mort est dans son cœur!...

BÉZUCHON, prenant la main d'Angèle, bas.

Silence, le voici!...

Bernard entre par le fond à gauche en riant aux éclats.

SCÈNE IX

LES MÊMES, BERNARD.

BERNARD, simulant une grande gaieté.

Ah! bonjour... petite sœur... Cher docteur, bonjour!...

BÉZUCHON.

Eh! mon ami, quelle gaieté!

BERNARD.

Oh! cette torpeur, ce découragement... ce n'était que passager... mais cette fête m'a ranimé. Et puis le punch... le jeu... car j'ai gagné... (Sortant de l'or de ses poches.) Ah! je m'amuse comme un fou!

ANGÈLE, à part.

Sa gaieté me fait mal.

LAZARE, ému.

Pauvre garçon!

BERNARD, les regardant en riant.

Mais qu'avez-vous? vous semblez tout chagrins de ma résurrection... Riez avec moi, riez donc!.. C'est si bon de rire!...

Il tombe assis à gauche.

BÉZUCHON, à Angèle.

Ce n'est plus de la désespérance... c'est du désespoir... et contre ce mal, la science... (Appuyant.) l'amitié même seraient impuissantes... Je m'avoue vaincu... (Bas.) Angèle, vous seule pouvez le sauver... venez, Lazare, venez!...

Ils sortent vivement par le fond.

SCÈNE X

ANGÈLE, BERNARD

ANGÈLE; après un instant de silence elle va à Bernard et lui prend la main.

Bernard, regarde-moi bien en face... Cette joie n'est que simulée... cette gaieté... cette ardeur... comédie et mensonge.

BERNARD, éclatant d'un rire nerveux.

Angèle, tu es folle!...

ANGÈLE.

Bernard! tu veux mourir!... (Bernard étouffe une exclamation.) Oui, car on a trouvé des armes chez toi... (Lui mettant sous les yeux le papier donné par Lazare.) Et voici la lettre dans laquelle tu me faisais tes derniers adieux.

BERNARD, se levant.

Angèle !

ANGÈLE.

Ne garde pas plus longtemps ce masque trompeur ! .. Dis-moi tout...

BERNARD, avec éclat.

Eh bien ! c'est vrai... l'existence m'est odieuse... Je souffre ! mon âme désespère ! je sens que je suis lâche ! Je me fais honte à moi-même... et j'aime mieux en finir !

ANGÈLE.

Bernard ! mon frère ! parce que cette femme n'existe plus pour toi, rien n'existe donc plus ?... mais il est d'autres amours que ces amours impures... entends-tu bien ? Il est des passions plus nobles, des enthousiasmes plus grands.

BERNARD.

De quoi veux-tu parler ?

ANGÈLE.

Écoute, Bernard !... tu t'ennuies ici... je le comprends... il faut à une nature comme la tienne... quelque chose de plus ardent... de plus fiévreux... Ici ton cœur s'endort... ailleurs, il se réveillera !... je veux que tu redeviennes un homme !... je veux que tu oublies... Tiens, on parle en ce moment d'une expédition lointaine... tu es instruit, tu pourras être admis parmi ces hardis explorateurs !... Pars ! tu assisteras à de beaux et grands spectacles !... (Cherchant.) Sous tes yeux, tu verras se dérouler ces immensités que nous n'entrevoyons, nous autres, qu'en nos rêves... Tu entendras mugir, hurler les océans... et tu devineras l'éternité... tu pourras comprendre Dieu !

BERNARD, avec un sourire de doute.

Dieu !... l'éternité !

ANGÈLE, avec chaleur.

La science te fera oublier l'amour...

BERNARD, secouant la tête.

La science fait trop de martyrs !

ANGÈLE.

Eh bien ! et la gloire ?... (Mouvement de Bernard.) Ah ! c'est beau... ce doit être bien beau la gloire !... (Avec enthousiasme.) Fais-toi soldat... Enveloppe-toi dans les plis d'un drapeau... et tu croiras !

BERNARD.

La gloire fait trop de dupes...

Il va s'asseoir à droite sur le canapé.

ANGÈLE, portant les mains à son front.

Ah ! tu me désespères... (Brusquement.) Alors, noye, s'il le faut, ton chagrin, dans les fêtes... cours le monde... étourdis-toi, enfin...

BERNARD.

Les fêtes! les plaisirs!... j'ai tout cela ici...

ANGÈLE.

Eh bien! eh! bien... (Après un grand temps.) Et l'amour!...

BERNARD, souriant.

L'amour!

ANGÈLE, appuyant,

L'amour vrai! l'amour pur!... (Hésitante et baissant les yeux.) Si une femme jeune et belle venait t'offrir cette tendresse ineffable, immuable, qui vient du ciel, tu la repousserais donc?... (Avec une chaleur croissante.) L'amour pur et vrai, mais c'est un rayonnement, un sourire, un chant d'ivresse!... un amour comme celui-là... c'est une éternelle extase... c'est le calme, le repos, l'honneur... la rédemption,

BERNARD.

Et qui pourrais-je aimer? qui m'aimerait?

ANGÈLE, avec élan.

Qui?... (Elle s'arrête tout d'un coup et porte la main à son cœur.) Mon Dieu!...

BERNARD.

Non, non, rien ne saurait me rattacher à la vie... Laisse-moi donc mourir!...

Il fait un mouvement comme pour s'élancer vers le fond

ANGÈLE, avec un grand éclat.

Ne meurs pas... je t'aime...

Elle tombe à genoux devant lui

BERNARD, stupéfié.

Angèle, que dis-tu? Tu ne m'aimes pas!... tu ne peux pas m'aimer!... l'amour terrestre est ignoré de toi!...

ANGÈLE.

Ignoré... quand il y a si longtemps que je souffre, par toi, par elle... Ah! je n'ai pas la force de lutter plus longtemps!.. je parlerai...

BERNARD.

Angèle!...

ANGÈLE, fiévreuse.

Puisque je te dis que je t'aime. (Se tordant les mains.) Ah! entends-moi... crois-moi... mais crois-moi... donc Je t'aime depuis le premier instant où je t'ai vu... où ta main a serré la mienne... ce secret, il fallait bien te le révéler un jour... (Avec éclat.) Oh! je suis aussi belle qu'Adrienne... va!... (Avec une passion croissante. Je t'aime, entends-tu!... Oh! je veux que tu me croies... (Le regardant frémissante.) Tu doutes encore?...

(Courant à lui et l'étreignant dans ses bras.) Eh bien!... tu ne douteras plus!...

Elle lui donne un baiser.

BERNARD, la tenant dans ses bras.

Angèle!... c'est donc vrai!... Tu m'aimais... tu m'aimes!.. non!... c'est impossible... elle ment... Et cependant, je sens, contre le mien battre son cœur!... (Avec un cri.) Elle dit vrai!... elle dit vrai!... mon Dieu! tout renaît en moi! Je vois, je comprends, j'aime...

ANGÈLE, se soulevant, d'une voix faible.

Tu ne veux plus mourir à présent!...

BERNARD, avec force.

Mourir! oh! non! non!... la vie revient! la vie revient!

ANGÈLE, tombant inerte dans ses bras.

Ah! la vie s'en va! la vie s'en va!...

BERNARD, la regardant en face.

Angèle! qu'as-tu donc?...

ANGÈLE, mourante.

Cette émotion a été trop forte... la joie m'a brisée... (Essayant de lutter.) Ah! mais, je ne veux pas mourir... Je veux vivre pour lui... (Le regardant avec amour.) pour toi...

BERNARD.

Angèle!...

ANGÈLE.

Elle tombe évanouie sur le canapé.

BERNARD.

A ngèen gèle!...

ANGÈLE, mourante.

Écoute? plus près... je veux que la terre me reçoive telle que je la quitte...

BERNARD.

Ma bien-aimée!

ANGÈLE.

Cette parure... c'est ma toilette de fiancée! Je ne veux pas qu'on me l'enlève!... (Dans un dernier spasme.) Bernard! je t'aime.

Elle tombe.

BERNARD.

Angèle!... mon Angèle! Écoute-moi, réponds-moi!... mon Dieu! mon Dieu! elle ne m'entend plus!

SCÈNE XI

LES MÊMES, BÉZUCHON, puis LES HÉRITIERS et LAZARE

BÉZUCHON, entrant précipitamment.

Qu'y a-t-il donc?...

BERNARD, avec des sanglots.

Regardez!... regardez...

BÉZUCHON, s'élançant près d'Angèle.

Angèle!... Eh bien? quoi?... elle est évanouie!... elle est évanouie!... n'est-ce pas?... (Après un temps.) Le pouls s'est arrêté!... le cœur ne bat plus... Ah!... Rien... Rien!... Mais alors... elle est donc morte?... Dieu puissant!... Angèle est morte!

LAZARE, qui est entré par la gauche.

Morte!...

A ce cri, tous les héritiers se précipitent en scène.

MADAME LANTERNOIS.

Morte!

Tous se penchent anxieusement sur Angèle que Bernard et Bézuchon s'efforcent de rappeler à la vie.

BÉZUCHON.

Oh! ce n'est pas possible!... cela n'est pas, cela ne peut pas être!... on peut encore la disputer à la tombe...

Il ouvre sa trousse et saisit une lancette.

TOUS, anxieux.

Eh bien?...

BÉZUCHON, a donné le coup de lancette; avec désespoir.

Rien!... C'est fini!... bien fini!...

BERNARD, sanglotant.

Oh! ma pauvre bien-aimée!

CHARANÇON.

M. Bonami, allons faire la déclaration.

BÉZUCHON.

Pourquoi si tôt?

BONAMI.

Mon Dieu! c'est une triste formalité, mais elle est nécessaire...

CHARANÇON.

La loi est précise!

BERNARD.

On n'enlèvera cette femme qu'avec ma permission.

BÉZUCHON.

Et la mienne !

BONAMI.

Messieurs, vous ferez selon votre volonté... nous faisons, nous, ce que notre devoir nous conseille de faire !

MADAME LANTERNOIS, montrant Lanternois.

Et nous, nous resterons près d'elle !

LANTERNOIS, avec des larmes hypocrites.

Ne crains rien, pauvre Angèle, tes amis ne te quitteront que lorsque la porte du caveau des Mériane se sera refermée sur toi !

BÉZUCHON, avec fureur.

Et qu'ils auront poussé le verrou !

Les héritiers lui lancent un regard de haine. Bézuchon les toise avec bravade. Le rideau tombe.

Septième Tableau

LES CORBEAUX

Le théâtre est séparé dans sa hauteur. En bas le caveau funèbre du château de Mériane. En haut le parc.

PARTIE SUPÉRIEURE. A gauche, premier plan, un pan coupé, l'entrée du caveau ouvrant sur un escalier de pierre assez large, que l'on aperçoit dans la partie inférieure et qui mène aux tombes.

PARTIE INFÉRIEURE. A droite, une tombe, celle d'Angèle, autres tombes se perdant dans l'ombre avec les armes des Mériane. Une petite lampe pendue à la voûte éclaire faiblement les caveaux. L'autre partie du décor est dans une demi-obscurité.

NOTE POUR LA PROVINCE

Les théâtres qui ne pourraient exécuter rigoureusement le décor indiqué, pourront supprimer la partie inférieure, c'est-à-dire le caveau funèbre. De cette façon, dès le lever du rideau, le théâtre représentera le parc, tel qu'il est décrit à la fin de la pièce, et les 7e et 8e tableaux, par conséquent, n'en formeront qu'un seul.

SCÈNE PREMIÈRE

LES HÉRITIERS

SOURISSET, entrant en fumant.

Cette idée de venir se promener dans le parc, à dix heures du soir et par une nuit si noire. D'abord si la lune ne se montre pas d'ici à dix minutes, je rentre au château.

MADAME LANTERNOIS.

Laissez-nous donc tranquilles, on est si bien dans notre parc!

PRINCARROT.

Oui, oh! pour jouer à cache-cache... c'est parfait!... (En ce moment la lune se montre.) Oh! sauvés!... Phœbé ouvre ses rideaux, madame est visible!

LANTERNOIS.

Ah! mon Dieu!...

SOURISSET.

Quoi donc?

MADAME LANTERNOIS, montrant le monument.

Voyez, voyez de quel côté le hasard, complice de la nuit, a dirigé notre promenade.

SOURISSET, reculant.

Le tombeau de famille des Mériane... Ah! j'aime pas ça.

PRINCARROT, haussant les épaules.

En v'là des faiblesses.

LANTERNOIS, feignant la douleur.

Pauvre Angèle!

BONAMI, de même.

Dire qu'elle dort là!

CHARANÇON, avec un gros soupir.

Avec tous ses diamants!...

LANTERNOIS, soupirant aussi.

Oui, sa volonté était clairement formulée dans son testament. Par un sentiment de pudeur...

BONAMI, continuant.

Peut-être exagérée...

LANTERNOIS.

Elle demandait à être ensevelie avec les mêmes vêtements qu'elle porterait à l'heure de sa mort. On ne devait toucher ni à un cheveu de sa tête, ni à une bague de ses doigts!

BONAMI, avec regret.

Et l'on a exécuté ses dernières volontés fidèlement.

LANTERNOIS, désolé.

On a bien fait assurément.

SOURISSET.

Assurément...

LANTERNOIS.

Et... cependant... convenez-en, c'était une fantaisie un peu bien singulière.

CHARANÇON.

Une fantaisie de quelque chose... comme quatre-vingt mille francs.

LANTERNOIS.

Oui, oui, à ce bal, elle avait bien sur elle pour quatre-vingt mille francs de diamants... au moins...

PRINCARROT.

C'est raide!...

BONAMI.

Oui, car enfin... une supposition!... si elle avait eu la fantaisie d'emporter tout ce qu'elle possédait...

MADAME LANTERNOIS.

Écoutez?... ce n'est pas pour la valeur des bijoux!... Oh! Dieu!... Mais c'est pour les conséquences que cela pourrait avoir; car enfin cette circonstance bizarre est connue, et si quelque misérable...

LANTERNOIS.

Mais madame Lanternois a raison...

TOUS.

En effet...

BONAMI.

Une violation de... Oh! ce serait horrible!... nous devons éviter à tout prix!...

CHARANÇON.

Demain sans plus tarder, nous nous adresserons à l'autorité... Voyons, voyons, ce n'est pas tout ça... il y a une chose à laquelle vous n'avez pas songé... qu'est-ce qui prendra les bêtes?...

TOUS.

Les bêtes!

CHARANÇON.

Oui! les bœufs et les moutons. Je m'en chargerais bien! mais les chiens? Il y a quatre chiens... des chiens énormes!... et qui mangent!...

LANTERNOIS.

Et qui mordent!...

MADAME LANTERNOIS.

Et j'ai une peur horrible de... (D'un ton impérieux.) Monsieur Lanternois!... je ne veux pas des chiens!

TOUS.

Ni moi... ni moi!...

LANTERNOIS.

Mais moi non plus...

Bézuchon paraît et descend lentement en scène. Il est en noir. Il tient une badine à la main.

SCÈNE II

LES MÊMES, BÉZUCHON.

LANTERNOIS.

Cet incident est vidé... mais... il y a autre chose de plus grave... C'est l'enfant... la petite Claudine... qu'Angèle avait recueillie... qui est-ce qui s'en chargera?...

CHARANÇON, vivement.

Pas moi... Je suis toujours en route...

PRINCARROT.

Eh bien, et moi donc?...

BONAMI.

Il me semble, sauf meilleur avis, que monsieur et madame Lanternois seuls sont en position de prendre la petite Claudine.

LANTERNOIS, se récriant.

Mais...

MADAME LANTERNOIS, de même.

Permettez... messieurs, c'est avec bonheur que je me chargerais de l'avenir de la pauvre orpheline, mais... j'ai été mère... (Avec des larmes.) La vue de cette enfant me rappellerait des souvenirs trop douloureux !

LANTERNOIS, avec émotion.

Pauvre amie!... (Changeant de ton.) Nous serons forcés de la mettre aux enfants trouvés !...

BÉZUCHON, se montrant.

Je prends l'enfant et les chiens!...

TOUS.

Monsieur Bézuchon !

BÉZUCHON.

Oui, monsieur Bézuchon qui vous écoute depuis dix minutes... maîtres corbeaux sur des tombes perchés !...

MADAME LANTERNOIS et LES AUTRES.

Monsieur...

BÉZUCHON, avec ironie.

Les braves gens! ils viennent ici, non une prière, mais un cigare aux lèvres!... (A Sourisset.) Jetez cela, monsieur, on ne fume pas sur les tombes...

Il lui enlève son cigare d'un coup de badine.

SOURISSET, furieux.

Monsieur... vous me rendrez...

BÉZUCHON, méprisant.

Un autre cigare?...

SOURISSET, se calmant tout à coup.

Monsieur, sans le respect que ce lieu m'inspire... (Horace le regarde.) Nous nous reverrons...

Il sort vivement.

LANTERNOIS.

En vérité, monsieur...

MADAME LANTERNOIS, s'élançant.

Edgard, je te défends de te commettre avec cet homme...

Elle l'entraine.

BONAMI, *doucereux.*

Monsieur, on m'a heureusement appris le pardon des offenses.

Il sort.

CHARANÇON, *retroussant ses manches.*

Vous savez?... si vous voulez venir sur la route!...

Il sort.

PRINCARROT, *s'avançant.*

Dites donc?... si vous avez besoin d'un témoin pour le petit crevé, je suis votre homme...

Il sort crânement.

SCÈNE III

BÉZUCHON, *seul.*

Pauvre Angèle!... voilà donc les vautours qui déchiqueteront cette fortune dont tu eusses fait un si noble usage!... *(Près de l'entrée du caveau.)* Pauvre enfant!... elle est là... ses beaux yeux éteints et sa bouche muette!... Ah! pleure!... pleure, Horace!... Ce ne sont plus des bonbons, mais des immortelles que tu lui apporteras au jour de l'an! Adieu, nos douces causeries!... nos riantes promenades à travers monts et vallées... Les lauriers sont coupés, nous n'irons plus au bois... *(Il pleure. Sur les derniers mots de Bézuchon, une femme a paru dans le parc à droite, c'est Adrienne elle est en costume de voyage.)* Adrienne!...

Elle marche vers le caveau et s'arrête au seuil.

SCÈNE IV

ADRIENNE, BÉZUCHON.

ADRIENNE, *avec un joie mauvaise.*

Fini!.. C'est fini. Ah! la belle revanche!

BÉZUCHON, *s'approchant d'elle.*

Vous vont-ils bien les souliers de la morte?...

ADRIENNE, *se reculant.*

Qui a parlé?...

BÉZUCHON.

Ah! dès que la nouvelle vous est arrivée, vous êtes accourue, n'est-ce pas?... vous avez voulu vous convaincre de votre bonheur! Eh bien! soyez heureuse, Angèle est bien morte et vous êtes riche!...

ADRIENNE.

Quel langage me tenez-vous là?

BÉZUCHON.

Ah! tu triomphes, Adrienne, je vois dans l'ombre étinceler ton regard!... tu exécrais Angèle, c'est tout simple, elle était bonne et vertueuse, et son cœur avait toutes les affections que le tien ne saurait éprouver. Dire qu'à cette heure elle est dans la nuit du tombeau, et que toi, rayonnante et superbe, tu vois lever l'aurore!... O décrets impénétrables de la Providence!...

ADRIENNE.

Vous l'aimiez donc bien, que vous me détestez tant?

BÉZUCHON.

Je ne déteste jamais les femmes, je les plains, voilà tout, et, je vous plains, Adrienne, d'être ce que vous êtes, lorsque vous pourriez être autrement...

ADRIENNE.

Horace!

BÉZUCHON, *sévère.*

Allons! partez! vous troublez son ombre!...

ADRIENNE, *furieuse.*

Ah! c'est ainsi!... Eh bien, je vous brave, on ne m'intimide pas, moi.

SCÈNE V

LES MÊMES, LIZERON.

LIZERON, *paraissant par la droite.*

La chambre de madame est préparée...

ADRIENNE, *regardant Bézuchon.*

Quelle est celle que l'on m'a choisie?

LIZERON.

La chambre bleue...

ADRIENNE, *avec défi.*

Je veux celle qu'habitait mademoiselle de Mériane...

BÉZUCHON.

Que dites-vous?... oh! vous ne profanerez pas le lieu où elle a vécu...

ADRIENNE, même jeu.

Je veux cette chambre!... Je suis héritière et je commande ici!... (Au laquais.) Obéissez!...

BÉZUCHON.

Madame...

ADRIENNE.

Adieu!...

Elle s'éloigne par le fond, à droite.

SCÈNE VI

BÉZUCHON, puis LAZARE, LOUISE et CLAUDINE.

BÉZUCHON, seul.

Et c'est une femme qui parle ainsi!... (Lazare, Louise, Claudine paraissent par la gauche.) Bonsoir, Louise, vous venez prier...

LOUISE, très-émue.

Oui, monsieur Horace!...

BÉZUCHON, à Claudine.

Et toi aussi, Claudine?

CLAUDINE, essuyant une larme.

Oui... monsieur!

LAZARE, après un temps.

Que va devenir Claudine, à présent... Sa mère est ici!... elle l'a vue... elle va la reprendre...

LOUISE.

Maintenant que mamz'elle Angèle est partie, le malheur est revenu... (Prêtant l'oreille.) On vient de ce côté...

BÉZUCHON, regardant à droite.

Oui, une ombre se glisse à travers les arbres.

LAZARE, regardant aussi.

Qu'est-ce que cela!... (A Louise et à Claudine.) Éloignez-vous!

Les femmes s'éloignent. Lazare et Bézuchon se dissimulent derrière les massifs à droite, deuxième plan.

SCÈNE VII

LES MÊMES, BERNARD seul, ensuite BONAMI, LANTERNOIS et les autres.

Se glissant à travers les arbres, comme une ombre, apparaît Bernard tête nue, les vêtements en désordre, horriblement pâle; il semble inquiet. Par instants il s'arrête comme pour reprendre respiration. Il se dirige vers le caveau, s'arrête au seuil et dit :

BERNARD, *comme fou.*

C'est de ce côté, oui! voilà le caveau, que vais-je faire? Ah! je suis fou!... criminel peut-être... mais... je la reverrai une dernière fois... Allons!...

Il entre. Musique. On l'aperçoit dans la partie inférieure, s'appuyant à la muraille, se cramponnact presque aux aspérités, redescendre d'un pas chancelant.

LAZARE, *s'élançant vers le caveau.*

Cet homme tenait un levier à la main.

BÉZUCHON.

Qu'allez-vous faire?

LAZARE.

Empêcher un sacrilége...

BÉZUCHON.

Eh bien, non... non, laissez-le s'accomplir!... Dieu le veut, peut-être...

LAZARE.

Que voulez-vous dire?

BÉZUCHON.

Vous le saurez... venez, venez, nous nous cacherons derrière les tombes...

Il entraîne Lazare, tous deux descendent à bas bruit dans le caveau. Bernard est près de la tombe et s'apprête avec son levier à soulever la pierre qui la ferme. De ce moment, le caveau s'abîme lentement dans le dessous et cesse d'être visible pour le public. Le théâtre ne représente plus maintenant que le parc, et l'entrée du caveau se trouve par conséquent au niveau de l'avant-scène. La nuit a cessé. Lever de l'aurore. Partout des fleurs, c'est le printemps dans toute sa splendeur.

SCÈNE II

LES MÊMES, BERNARD, ANGÈLE, BÉZUCHON et LAZARE.

Bernard sort du caveau, pâle, les cheveux en désordre.

TOUS, s'élançant sur lui.

Voleur!... voleur!...

BERNARD, s'arrachant à leurs étreintes.

Assassins!... (Les héritiers reculent.) Oui, assassins!... car vous l'aviez enterrée vivante!...

Angèle vivante paraît à la porte du caveau, soutenue par Bézuchon et par Lazare.

TOUS, à la vue d'Angèle vivante.

Ah!

BÉZUCHON, s'élançant vers eux.

Vous étiez pressés d'hériter... A peine cette pauvre femme a-t-elle fermé les yeux... que déjà toutes les démarches sont faites, la cérémonie réglée... Ah! vous n'avez pas perdu de temps... La loi donne quarante-huit heures, avez-vous dit?... Les quarante-huit heures sont écoulées, donc elle est morte!... La loi le veut ainsi!!! Et vous l'avez tuée de par la loi!...

Il s'approche d'Angèle à laquelle Bernard donnait ses soins.

BONAMI, s'avançant vers Bernard.

Il a violé une tombe!... c'est un sacrilége!...

TOUS, furibonds

Oui!... oui!... un sacrilége!

BERNARD, se relevant.

Je suis à la disposition de la justice, qu'elle me prenne, si lle l'ose...

Grande rumeur.

SCÈNE III

LES MÊMES, LIZERON, CLAUDINE, LOUISE.

LIZERON, qui vient de paraître.

La justice a bien autre chose à faire pour le quart d'heure.

BÉZUCHON.

Que veux-tu dire?...

LIZERON.

Des malfaiteurs, croyant la chambre de mam'zelle Angèle inhabitée, sont venus pour voler...

TOUS.

Eh bien?...

LIZERON.

Eh bien! un meurtre a été commis...

BÉZUCHON.

Un meurtre!... Et sur qui donc?

LIZERON.

Regardez!...

Entrée d'Adrienne, pâle, les vêtements en désordre.

SCÈNE IV

LES MÊMES, ADRIENNE, GENS DU CHATEAU.

BÉZUCHON et BERNARD.

Adrienne!

ADRIENNE.

Oui! c'est moi!... J'ai voulu profaner cette chambre, et la morte s'est vengée... (Avec un cri, apercevant Angèle.) Ah!... elle!.. Elle vit... et moi, je meurs... (Mourante.) Et ma fille!... où est ma fille? (Lazare fait approcher Claudine qui s'agenouille.) Prieras-tu un peu pour moi?...

CLAUDINE.

Toujours, madame.

LOUISE, bas à Claudine.

Ma mère!...

CLAUDINE.

Ma mère!...

ADRIENNE.

Non... ne m'appelle pas ta mère... Ta mère... (Montrant Angèle.) la voici... Aime-la bien... sois heureuse... Adieu!...

Elle meurt.

BÉZUCHON.

Je le disais bien que toutes les femmes avaient du cœur!...

FIN

www.ingramcontent.com/pod-product-compliance
Ingram Content Group UK Ltd.
Pitfield, Milton Keynes, MK11 3LW, UK
UKHW022031170726
13837UKWH00002B/524

9 782329 481937